蚂蚜捉害虫运动的
传承与发展研究

MAGUAI ZHUO HAICHONG YUNDONG DE
CHUANCHENG YU
FAZHAN YANJIU

翟翠丽 余文军 房 硕 ◎ 著

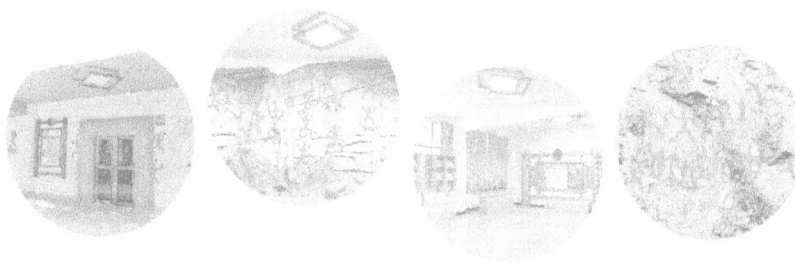

中南大学出版社
www.csupress.com.cn
·长沙·

图书在版编目(CIP)数据

蚂蜗捉害虫运动的传承与发展研究 / 翟翠丽，余文军，房硕著. --长沙：中南大学出版社，2024.7.

ISBN 978-7-5487-5943-0

Ⅰ. G852.9

中国国家版本馆 CIP 数据核字第 2024U98C46 号

蚂蜗捉害虫运动的传承与发展研究

MAGUAI ZHUO HAICHONG YUNDONG DE CHUANCHENG YU FAZHAN YANJIU

翟翠丽　余文军　房　硕　著

□出 版 人　林绵优
□责任编辑　谢金伶
□责任印制　唐　曦
□出版发行　中南大学出版社

社址：长沙市麓山南路　　邮编：410083

发行科电话：0731-88876770　传真：0731-88710482

□印　　装　广东虎彩云印刷有限公司

□开　　本　710 mm×1000 mm 1/16　□印张 10.25　□字数 176 千字
□版　　次　2024 年 7 月第 1 版　□印次 2024 年 7 月第 1 次印刷
□书　　号　ISBN 978-7-5487-5943-0
□定　　价　68.00 元

前 言

民族传统体育是中华民族传统文化的重要组成部分。自中华民族诞生之日起，具有民族特点的传统体育形式，作为一种文化形态就已经在不同的民族生活中流行、传承着。除了汉族之外，我国其余55个少数民族在长期的历史演进中，随着生产实践和生活习俗的逐渐演变，形成了各具特色的体育运动形式。这些体育运动不仅体现了各民族的独特风情，更是中华民族多元一体文化的重要组成部分。广西是多民族聚居的自治区，世居民族有汉、壮、瑶、苗、侗、仫佬、毛南、回、京、彝、水、仡佬等12个，此外还有满、蒙古、白、藏、黎等其他民族居住在此。少数民族人口总数在全国居第一位，具有丰富的民族传统体育项目。

其中蚂蚁捉害虫（蚂蚁，广西方言，指青蛙）是广西独具特色的一项民族传统体育项目，是从广西天峨、东兰县等区域的蚂蚁节演化而来，其文化渊源来自当地壮族人民的自然崇拜——青蛙崇拜。它主要以青蛙捕食的方式结构为基础，通过蛙形神态表现壮族人民勤劳、善良、与自然和谐共处以及对生命延续的渴望。这一独特的民族传统体育项目已连续两届成为广西少数民族传统体育运动会的正式比赛项目。

广西第十四届少数民族传统体育运动会于2018年10月首次正式将蚂蚁捉害虫运动纳入比赛，随后在2022年11月举行的广西第十五届少数民族传统体育运动会中，该项目再次引发了广泛关注。鉴于该项目尚处于初期探索阶段，其技术动作、竞技方式、竞赛规则等均有待民族传统体育工作者与政府组织者持续进行完善与优化。

为了响应我国民族传统体育项目广泛开展的现实需求，深化高校体育专业教育教学改革，确保蚂蜴捉害虫运动的长期发展和规范运作，使其成为大众喜爱的民族传统体育活动，很有必要推出一本规范、系统、科学的蚂蜴捉害虫运动的专著。为此，我们成立了由翟翠丽(北京体育大学中国武术学院 2022 级博士研究生，南宁职业技术大学人文教育学院副教授)、余文军(广西民族大学体育与健康科学学院副教授)、房硕(北京体育大学中国田径运动学院硕士研究生)组成的编写组。编写组根据蚂蜴捉害虫运动的特点，科学合理地设计内容，以促进该项目的传承与发展。

本专著包括以下章节内容：蚂蜴节和蚂蜴捉害虫运动概述、蚂蜴捉害虫运动的基本特征、蚂蜴捉害虫运动的功能与价值、蚂蜴捉害虫运动技术特征解析、蚂蜴捉害虫运动的训练、蚂蜴捉害虫运动竞赛规则的演变、蚂蜴捉害虫运动竞赛裁判法、蚂蜴捉害虫运动现代化传承与发展原则、制约蚂蜴捉害虫运动传承与发展因素的分析、蚂蜴捉害虫运动传承与发展对策分析等。本专著对该项目进行了全面的分析与阐述，以期为部门、学校，以及教练员、运动员等相关人员提供有益的建议和策略。

本书的编写是个艰辛的探索过程，在此过程中我们得到各方面的热情支持、鼓励和帮助。中南大学出版社的编辑人员为此付出了艰辛的劳动，在此，我们表示衷心的感谢。对于在本专著中由于各种原因未标明的被引用者的姓名和论著的出处，我们在此表示歉意。

限于作者水平与时间仓促，书中不免有疏漏和错误之处，请广大读者不吝指正。

本书编写组

2024 年 6 月

目 录

第一章

壮族蚂蚜节和蚂蚜捉害虫运动概述

壮族蚂蚜节，这个充满神秘色彩与深厚文化底蕴的节日，在红水河沿岸的壮乡村寨中占据着举足轻重的地位。它也被人们亲切地称为蛙婆节，流行于广西西北部红水河流域的东兰、天峨、南丹等风光旖旎的地区。每年农历二月初二这一天，村民们身着五彩斑斓的民族盛装，欢聚一堂，共庆壮族蚂蚜节（简称蚂蚜节）。他们虔诚地祭拜蚂蚜（广西方言，指青蛙），以祈求新的一年风调雨顺、五谷丰收、国家繁荣昌盛、人民安居乐业。

这个节日不仅是一场盛大的节庆，更是一部承载着壮族人民深厚历史底蕴和丰富民族文化内涵的史诗。正因如此，2006 年 5 月，"壮族蚂蚜节"被列入第一批国家级非物质文化遗产名录，成为中华民族文化宝库中的一颗璀璨明珠。这一荣誉不仅让蚂蚜节声名远扬，也吸引了众多致力于民族传统体育研究的工作者投来关注的目光。

为了让这一优秀传统文化得以更好地传承与发扬，蚂蚜节在 2018 年广西壮族自治区第十四届少数民族传统体育运动会上以全新的面貌亮相。它不再仅仅是一场民间民俗文化活动，还华丽演化出一项充满竞技性的少数民族传统体育项目——蚂蚜捉害虫运动。这一创新举措让蚂蚜节焕发出新的生机与活力。

蚂蚜捉害虫运动巧妙地将蚂蚜节的元素与现代体育竞技相结合，要求运动员在规定场地内模仿青蛙捕食的神态，采用蛙跳的方式向前跃进。在跳跃过程中，运动员需保持双手和双脚依次着地的姿势，在同等的距离内用时最少的运动员名次列前。这项运动不仅考验着运动员的体能与技巧，更是对壮族人民传统文化的一种独特诠释和传承。

第一节　广西少数民族传统体育运动的发展

少数民族传统体育不仅是中华传统体育文化的重要组成部分，更是中华各少数民族历经千百年生产、生活实践所积淀的深厚文化底蕴的体现，具有无可替代的独特价值和魅力。在广西这片多民族聚居的土地上，少数民族人口数量高居全国榜首，占全区常住人口的37.52%。这里世居着壮、汉、瑶、苗、侗、仫佬、毛南、回、京、彝、水、仡佬共12个民族，其中壮族更是占据了全区常住人口的31.36%之多。

广西少数民族传统体育，正是这些生活在八桂大地上的11个少数民族在长期的生产、生活实践中所创造出的体育文化瑰宝。它们不仅集中展现了某一特定时期内某一特定民族的历史、政治、经济、文化、生活、宗教、风俗习惯和心理状态，更是这些民族智慧和创造力的结晶。

每一个少数民族都拥有数种乃至数十种别具风格、趣味独特的传统体育项目。这些项目过去鲜为人知，但经过几十年的挖掘、整理、研究和宣传，以及表演、竞赛、观摩和总结，其中的一些已经逐渐被大家所认识。比如投绣球、板鞋、抢花炮、高脚竞速、打陀螺、板凳龙、跳竹竿、滚铁环等，这些项目都充满了浓厚的民族特色和生活气息。

其中的一部分项目已经具备了较为完善的竞赛规则，经常开展比赛，并被列为广西壮族自治区少数民族传统体育运动会的竞赛项目，如抢花炮、珍珠球、押加、打陀螺、高脚竞速、板鞋竞速、龙舟、独竹撑等。这些竞赛和表演项目的发掘、整理和推广，不仅宣传和继承了传统体育，丰富了现代体育的内涵，还宣传了少数民族悠久而丰富的传统文化，充实了中华文化宝库。这是广西少数民族对祖国和世界文化的贡献。

然而，除了上述提到的较为常见的运动形式外，还有许多珍贵的民族体育项目亟待我们去发掘和整理。这些项目由于仅在局部地区的一个民族当中，或一个民族的部分人中开展，甚至有的还停留在自发、无规则、无竞技性、纯娱乐的状态，因此开展的范围不广，接触的人不多。对于如跳竹竿、滚铁环等传统性的民族体育项目，我们应该采取多种措施对其进行广泛的调查和收集整理，以避免它们失传。同时，我们也要利用各种形式在更广的范围内展示其风采，让更多的人了解和欣赏到这些独特的体育文化瑰宝。

新中国成立后，在党和国家的重视和关怀下，广西少数民族传统体育得到了前所未有的发展。由广西壮族自治区人民政府主办的广西壮族自治区少数民族传统体育运动会，从1982年至今已成功举办了15届。每四年一届的盛会已成为一种制度化的传统节庆活动。经过40多年的发展壮大，广西壮族自治区少数民族传统体育运动会已具有鲜明的民族性、传统性、群众性和广泛性。它不仅成为广西有影响的大型综合性体育运动会之一，更带动了少数民族地区体育事业的发展进步，极大地丰富了少数民族地区的文化生活内涵，提高了人民体质健康水平，促进了民族大团结的和谐氛围营造，并加快了少数民族地区社会主义物质文明、政治文明和精神文明的建设步伐。

第二节 蚂蚜捉害虫运动的历史渊源与发展

蚂蚜捉害虫运动，这一项蕴含着深厚的广西地区少数民族文化特色的体育项目，是在南宁市民族宗教事务委员会(简称民宗委)与广西体育局的联合精心策划与大力推进下诞生的。这项运动的出现，不仅仅是对广西本土丰富多彩的少数民族体育传统的一次深度挖掘、细致梳理和广泛推广，它更寄望于能够搭建起一个展示平台，让更多独特而富有魅力的民族民间体育项目得以走进公众视野，被广大人民群众所喜爱，并得以传承与发扬光大。

时间回溯到2018年，那时正值广西壮族自治区第十四届少数民族传统体育运动会紧锣密鼓的筹备当中。南宁市民宗委与广西体育局的领导和专家齐聚一堂，共同讨论如何将现有的民族民间文化瑰宝与体育运动相结合，创新设计出一项既能丰富运动会文化内涵，又能增添竞技项目吸引力的新体育项目。在经过多次反复推敲与深入研讨后，他们的目光最终被红水河流域的东兰县一带流传久远的蚂蚜节所吸引。蚂蚜节以其神秘莫测的节日氛围和浓厚热烈的民俗风情，早已被当地民众视为少数民族文化的重要象征和传承载体。

蚂蚜捉害虫运动，便是在这样深厚的文化土壤中应运而生。它以蚂蚜节中的丰富仪式和独特活动形式为基础，巧妙地将古老的民俗传统与现代体育竞技元素相互融合，创新性地打造出一项别具一格的少数民族传统体育竞速项目。这一新颖别致的体育项目，不仅让参赛者能够在竞技场上挥洒汗水、感受激情，更让观众在观赛过程中领略到了浓郁的民俗风情和深厚的文化底蕴，从而带来了前所未有的体验与乐趣。为了更好地理解和欣赏蚂蚜捉害虫运动所蕴含的深厚文化内涵,我们不妨将视线转向其源头——广西河池东兰县的蚂蜴节,一同去探寻它的历史渊源和文化精粹。

一、广西河池东兰县蚂蜴节的起源

蚂蜴节,这一充满乡土气息的盛大庆典,自 2006 年被列入第一批国家级非物质文化遗产名录以来,其深厚的文化底蕴和独特的民族特色一直备受瞩目。不仅如此,从 2013 年起,蚂蜴节更是连续荣获中国"最具民族特色节庆"奖,足以证明其在传承和发扬民族文化方面的重要地位。

河池壮族的蚂蜴节,源远流长,承载着东兰人民敬奉蚂蜴的深厚信仰。这一节日在红水河畔的东兰、天峨、南丹等地的壮乡村寨、田间地头广泛流传,历经数百代农民先贤的精心呵护和传承,如今已发展成为一场集信仰、娱乐、文化于一体的综合性民俗活动。

在蚂蜴节期间,壮乡人民以丰富多彩的活动形式,充分展现了他们对生活的热诚和对美好愿景的深切期盼。人们欢聚一堂,载歌载舞,祈求风调雨顺、人寿年丰,表达着对大自然的敬畏和对生活的热爱。同时,这一节日也深刻体现了壮乡人民对自然环境和社会生活的忧患意识,他们通过祭祀蚂蜴,传递着对生态平衡的关注和对和谐社会的向往。

蚂蜴节不仅是一场民俗的盛宴,更是一部活生生的民族历史和文化传承的生动写照。它以其正宗、地道的乡土气息,深深吸引着来自四面八方的游客和学者,让人们在这里感受到浓郁的壮族风情和深厚的文化底蕴。

(一) 生发节日的河流

红水河,这条从滇黔桂峻岭间蜿蜒穿越、沟通着珠江水系的壮丽河流,因其流经之地富含红色砂页岩,使河水浸染成深邃的褐红色而得名。它如同一条精巧的经线,编织在西南大地丰饶的纬线之中,自如地在大西南的文明腹地中穿行,将大自然的天然屏障化作文化的桥梁,催生了红水河上下游多元文化的交流与融合。这条河又仿佛是一根坚固的擎天巨柱,稳稳地撑起了西南众多民族丰富多彩的文化桥梁,构建出这片土地上顶天立地的文化格局。

从古至今,红水河的波涛不息,不仅滋润了沿岸无数先民的繁衍生息,更在其中孕育了壮族人民独有的璀璨民俗文化——蚂蜴节。这一节日如同一面镜子,映射出世世代代壮族人民的辛勤耕耘、卓越智慧和伟大创造力。

　　然而，一个谜团长久以来困扰着人们：何以蚂蜗节仅在红水河上游的壮族村寨中独具魅力、盛行不衰？有观点指出，铜鼓，作为蚂蜗节中不可或缺的神秘法器，其发源地恰恰位于红水河源的几个深藏于世的壮族山寨之中。据考证，目前我国珍藏的传世铜鼓超过了两千面，它们可以被细致划分为八种独特的类型，而这些类型的铜鼓在云南文山的壮族地区和广西西北部的红水河流域均有出土，这两地是全球铜鼓类型最为齐全的地区。铜鼓的传播路径似乎是从滇西、滇中地区启程，逐步向东部和南部延伸，最终抵达桂西北的红水河上游地带，如天峨、东兰、南丹等县，形成了一条沿着红水河蜿蜒前行的"铜鼓之路"。令人惊奇的是，铜鼓流传到哪里，哪里就兴起了蚂蜗节的庆典。更巧合的是，这些流行蚂蜗节的村寨几乎清一色为壮族聚居之地，因此，"壮族蚂蜗节"之说便应运而生。

　　另有一种说法则认为，红水河上游的壮族人民自古以来便怀有对神祇的深切崇敬之情，他们的祭祀活动规模宏大，耗资甚巨。而红水河流域凭借其便捷的木船和竹筏交通，为这些大型祭祀活动的举行提供了得天独厚的条件，蚂蜗节因此在这一带得以盛行发展。

　　还有一种颇具传奇色彩的传说流传甚广：在遥远的古代，红水河上游地区曾遭受严重的旱灾，人们祈求天降甘霖却徒劳无功。在困境之中，一只小蚂蜗竟然化为一个俊朗的青年，被当地的牙姓人家收养为子，并赐名"龙王宝"。自此以后，红水河畔的气候变得风调雨顺，五谷丰收。然而好景不长，几年后外敌入侵，生灵涂炭。在这危急时刻，智勇双全的龙王宝挺身而出，应征为领兵大将军。他巧妙地利用红水河的地理优势，凿穿敌船，使敌军大败而逃。立下赫赫战功的龙王宝因此被皇帝招为驸马，然而在与公主成婚的关键时刻，他因脱下的"蚂蜗皮"被意外烧毁而丧生。人们为了缅怀这位对红水河上游壮乡作出巨大贡献的英雄，便设立了"牙圭"节。在这里，"牙"代表"太婆"，"圭"即"青蛙"，"牙圭"便是"蛙婆"或"蚂蜗"的壮族称呼，象征着对龙王宝永恒的纪念与崇敬。

　　后来，壮族蚂蜗节逐渐在红水河上游地区深深扎根，成为这一区域壮乡人民特有的民族节庆。这个节日在当地有着多种称呼，如"葬蛙节""青蛙节""蛙婆节"，又或是"蚂蜗歌会"，每一种称呼都承载着丰富的文化内涵。随着时间的推移，蚂蜗节与农耕文化的联系愈发紧密，从最初的神话故事逐渐融入了壮族人民的现实生活。

在红水河上游的壮族地区，水稻种植是当地的主要农业生产方式。壮族先祖在辛勤劳作的过程中，敏锐地观察到青蛙的鸣叫与活动情况与天气的晴雨变化有着密切的联系。他们深信万物有灵，人与自然应该和谐共生。因此，出于在干旱时祈求雨水、在洪涝时祈求晴天的朴素愿望，以及对稻作丰收的殷切期盼，壮族人民开始崇拜青蛙，祈求它们保佑风调雨顺、五谷丰登。这一节日不仅体现了壮族人民对自然的敬畏和感恩，更折射出他们对生命繁衍和延续的深切渴望。

红水河上游地区溪涧密布，水流纵横交错，欢快荡漾的水声似乎也在诉说着这片土地的生机与活力。这样的自然环境无疑对当地壮民的性格产生了深远的影响，塑造了他们幽默风趣、能歌善舞、豪爽大气、乐观向上的民族性情。在如此美妙的境地中，神奇而妙趣横生的蚂蚜节应运而生，成为壮族人民生活中一道独特的文化景观。

(二) 丰富多彩的传说

河池壮乡的蚂蚜节，在蜿蜒曲折的红水河流域的壮族村寨中，流传着数不尽、说不完的古老传说。

1. 东林孝母

在遥远的古代，人们曾有过将死者尸体分食的习俗。然而，在东兰壮乡，有一位名叫东林的后生，他为人忠诚老实，勤劳肯干，更以孝敬父母闻名乡里。当东林深爱的老母亲离世时，他悲痛欲绝，实在不忍心将母亲的骨肉分给他人食用。于是，在夜深人静之时，他悄悄将母亲的遗体安葬在自家的屋基之下，并含泪守孝，表达对母亲无尽的怀念与哀思。

那时，正值春雨绵绵的季节，屋外的田野上，蚂蚜呱呱叫个不停，声音此起彼伏，日夜不息。东林沉浸在丧母的悲痛之中，心情烦躁不安，他担心母亲的亡灵得不到安宁，于是让人烧水去浇淋那些吵闹的蚂蚜。一场灾难由此引发，蚂蚜死伤惨重，遍地都是它们的小小尸体。奇怪的是，自从蚂蚜遭此厄运，天空就再也没有下过一滴雨，人间陷入了一片干旱和哀歌之中。

东林深感困惑和懊悔，他决定去请教德高望重的壮族祖先布洛陀。布洛陀告诉他，那些蚂蚜并非寻常之物，而是下凡到人间的神灵。它们不仅捕食害虫、保护庄稼，还肩负着向天神报告人间旱涝灾情的重要使命。因此，人们应该倍加爱护和尊重蚂蚜，而不是伤害它们。

东林对自己无知的行为感到追悔莫及，他决心按照布洛陀的嘱咐去弥补过错。他四处奔走，把逃走的蚂蚓请回来安居，又把死去的蚂蚓一只只捡起来举行盛大的埋葬仪式。东林不分昼夜地忙碌了好几天，收集到了大量的死蚂蚓。然后，他肩挑着这些蚂蚓的尸体从东兰金谷乡出发一路向东行走，每经过一个村屯就送一只蚂蚓给当地的人们，并敦促他们按照布洛陀的教导举行祭祀和埋葬仪式来纪念这些神灵般的小生命。同时他还告诫人们要保护蚂蚓，只有这样人间才能风调雨顺、五谷丰登。

当走到东兰文伐乡（今东兰镇）的巴拉村时，他已经把所有的蚂蚓都送完了。而那些位于武篆、三石等地的村寨因为没有接到蚂蚓所以从古至今都没有过蚂蚓节的习俗。尽管如此，东林侍奉母亲的孝心和敬奉蚂蚓的一系列善举仍然得到了人们的认可和赞誉。他的故事被传为佳话，感动了上苍和神灵。

从那时起红水河沿岸的壮族村寨年年风调雨顺，岁岁五谷丰登，四季人畜兴旺。每年春节期间壮族的村村寨寨都会举行一次盛大的蚂蚓歌会来庆祝丰收和祈福未来。人们欢聚一堂唱歌、跳舞、祭祀蚂蚓，祈求新的一年里能够继续得到神灵的庇佑和恩赐，让生活更加美好。

2. 敬奉蚂蚓

在遥远的古代，红水河沿岸遭遇了一场罕见的大旱灾。河水枯竭，田地龟裂，人们心怀恐惧地聚集在河边，虔诚地祈求天降甘霖，然而祈雨仪式却未能带来半滴雨水。正当人们感到绝望之际，一只小蚂蚓从干裂的土地上跃起，恰巧跳进了一个姓韦的老奶奶的怀抱中。

韦老奶奶心生怜悯，将这只小蚂蚓带回了家，精心照料。不久后，奇迹发生了，小蚂蚓竟然摇身一变，成了一个英俊潇洒的小后生。韦老奶奶为他取名"龙王宝"，认为他是河神派来拯救苍生的使者。自从龙王宝出现后，红水河地区的天气逐渐恢复了正常，年年风调雨顺、五谷丰登，百姓过上了安居乐业的生活。

然而，好景不长，几年后外敌入侵，战火纷飞，人们再次陷入了水深火热之中。龙王宝毅然应征入伍，带领兵马与外敌展开了殊死搏斗。在一次关键的战役中，他巧妙地利用红水河的水势，潜入河底凿通了敌军的战船船底，最终成功地淹死了全部敌军，取得了辉煌的胜利。

凯旋的龙王宝不仅受到了百姓们的热烈欢迎和敬仰，还与美丽的公主结为了夫妻。然而，幸福的日子并没有持续太久。皇后对驸马龙王宝的蚂蚓皮心生厌恶，竟然在一次宫宴上将其烧掉。失去了蚂蚓皮的龙王宝瞬间失去了神力，随即死去。皇帝深感悲痛和内疚，亲自为龙王宝举行了隆重的葬礼，并下令每年在葬礼的这一天都要举行埋葬蚂蚓的活动以纪念这位英勇的河神使者。

为了纪念龙王宝和感恩蚂蚓的功德，民间逐渐形成了一套独特的蚂蚓节庆典仪式。每年农历二月初二这一天，人们会自发组织起来寻找蚂蚓、抬着装有蚂蚓的纸轿游村示众并进行葬蚂蚓等活动。在葬蚂蚓仪式结束后，村民们会用游村贺喜所得的"百家钱"设宴庆祝这一特殊的日子。每户人家都会派出一名长者参加宴席共同庆贺蚂蚓升天为神。夜晚降临后家家户户都会设宴饮酒欢庆这个重要的节日。宴席结束后人们会摆起歌台对唱山歌，欢歌笑语、通宵达旦地庆祝这个充满神奇与感恩的蚂蚓节。因此蚂蚓节也被誉为"敬蛙节"，是红水河地区独具特色的民俗文化活动之一。

3.蚂蚓人——繁衍子嗣

在古老的年代，有一个奇特的传说。一位男子，虽娶了十二房妻妾，却始终膝下无子。而在这世界的另一端，有一个女子也有着同样的遭遇，她嫁了十二次，同样未能留下一丝血脉。这两个人的奇异事迹，像风一样在乡野间流传，最终飘进了彼此的耳中。于是，他们不远千山万水，决心走到一起，希望能够共同改变命运。

岁月流转，他们的结合并未能带来期盼中的子女，但他们却从无怨言，彼此扶持，生活得和谐而满足。直到有一天，这位妇人去井边打水，一只神秘的蚂蚓突然跳进了她的水桶。她试图将它捧起放回地上，然而每当她准备挑起水桶时，那只蚂蚓都会再次跳回桶中。在一次次的尝试中，妇人感到桶中的重量似乎越来越轻，她心生疑惑，于是决定让这只蚂蚓留在水桶中一同回家。

当她回到家，把水连同蚂蚓一起倒进水缸时，奇迹发生了。那只蚂蚓瞬间化为一个披着蚂蚓皮的可爱男婴，他稚嫩地喊着妇人"妈妈"，又转头向着男子叫道"爹爹"。这对久未有子的夫妇喜出望外，把这个奇特的孩子当作自己的亲生子来疼爱。蚂蚓儿子成长得飞快，仅仅三年时间就已长大成人。从此以后，他们一家三口辛勤耕耘，年年丰收，生活过得富裕而幸福。

在那个时候的村庄里，人们常常互相帮工。而凡是蚂蚓人帮忙耕作的田地，禾苗总是长得格外苗壮；他所走过的田埂，那些禾苗也总能幸免于灾难和害虫的侵袭。因此，家家户户都争着邀请他前来帮忙。一年中的三百六十天，蚂蚓人几乎走遍了村里的每一个角落，帮助了三百六十户人家实现了丰收的梦想。

蚂蜴人不仅勤劳善良，而且长相英俊、性格温和、乐于助人。他的美德和善行赢得了村民们的广泛赞誉和深深爱戴。然而，他身上那件奇特的蚂蜴皮却成为他婚姻路上的绊脚石。尽管许多姑娘都对他心生敬慕，但她们却无法接受他那件丑陋的外衣。直到后来，蚂蜴人养母的弟弟将自己的女儿许配给了他。

婚后的生活幸福而美满，夫妻二人恩爱有加、相濡以沫。然而，妻子心中却始终有一个遗憾：那就是丈夫身上那件难看的蚂蜴皮。于是，在春天的一个深夜，趁着丈夫熟睡之际，她悄悄将那件蚂蜴皮扔进了火中。谁知火光一起，蚂蜴人立刻在床上现出了原形——他变成了一具焦黑的蚂蜴尸体。妻子被这突如其来的变故吓得魂飞魄散，她痛哭流涕、悔恨不已。她的父母闻讯赶来后也是悲痛欲绝。为了表示对蚂蜴的歉意和怀念之情，他们用五色纸精心制作了一顶彩轿，并将蚂蜴的焦尸小心翼翼地放置其中。然后他们抬着轿子来到了原先发现蚂蜴的井边，放下彩轿，以此表达对逝去生命的敬畏和哀思。

从那时起，为了纪念这位善良的蚂蜴人并祈求五谷丰登、风调雨顺，每年在特定的日子里，村民们都会用同样的方式举行盛大的祭祀活动。他们把一只蚂蜴放入彩轿，然后抬着轿子敲锣打鼓、吹吹打打地游走在田野和村寨之间，寓意着蚂蜴神走过这些地方并将赐予作物丰收和村庄安宁。这个古老的习俗一直流传至今，成为当地人民文化传统中不可或缺的一部分。

（三）东兰县蚂蜴节的仪式形态

1. 蚂蜴节内容及影响力

蚂蜴节，这一深植于红水河流域的文化瑰宝，历经漫长岁月的洗礼与沉淀，主要在东兰县境内广泛流传。以巴畴乡的巴英村为核心，其文化波纹逐渐扩散至长江镇的兰阳村、长乐镇的板凳村、隘洞镇的纳乐村，乃至东兰镇的陆四村、金谷乡的弄法屯、大同乡的切近屯等地，形成了独特的蚂蜴节文化圈。

然而，近年来，随着社会的变迁，曾经繁荣的蚂蜴节文化区域逐渐呈现缩小趋势，不少地方的蚂蜴节活动已濒临消失。2023 年，东兰县仅有五个乡村坚持举办了蚂蜴节，它们分别是：隘洞镇纳乐村和金谷乡牙能村（2 月 18 日）、长江镇板隆村（2 月 19 日）、长乐镇板凳村（2 月 20 日）以及巴畴乡巴英村（2 月 21 日）。

为了更深入地了解和掌握蚂蜴捉害虫运动的丰富内涵，笔者在 2023 年全程参与了东兰县的整个蚂蚜节活动。其中，巴畴乡的巴英村无疑是最具规模和代表性的蚂蚜节之乡。巴英村被公认为蚂蚜节文化的发源地，这里的蚂蚜节民俗活动不仅保存得最为原生态、完整，而且活跃度和丰富度也首屈一指。在巴英村蚂蚜节期间，盛大的场面、庞大的规模以及深远的影响都让人叹为观止。特别值得一提的是，那雄浑的铜鼓之声已经在巴英的历史时空中回荡了几百年之久，仿佛在诉说着这片土地上深厚的文化底蕴。

2013年，巴英村蚂蚜节更是荣获了"最具民族特色节庆"的殊荣(图1-1)，这一荣誉不仅是对巴英村蚂蚜节活动的肯定，更是对东兰县乃至整个河池地区深厚的壮族文化的认可与赞誉。然而，面对现代社会的冲击和挑战，如何保护和传承这一独特的民族文化节庆，仍是我们需要深入思考和努力实践的重要课题。

图1-1　壮族蚂蚜节

2023年巴英村盛大的蚂蚜节在2月21日(农历二月初二)这一天热闹上

演。在这一天，巴英村蚂蚜节为大家呈现了一场丰富多彩的文化盛宴，其中包含三个主要板块(表1-1)，让参与的每一个人都能感受到浓厚的节日氛围。

表1-1　2023年巴英村蚂蚜节活动安排表

地点	具体时间	活动内容	备注
巴英村蚂蚜节文化旅游景区内	09:00—11:00	铜鼓迎宾	设在河堤步道
	09:30—11:30	竹竿舞互动	设在游客接待处亲水平台
	10:00—12:00	民间艺术大联欢	设在蚂蚜广场舞台
	12:30—23:00	蚂蚜山歌会	设在蚂蚜广场舞台
	12:30—15:00	山歌对唱	设在蚂蚜广场舞台
	15:30—23:00	游客互动山歌	游客即兴自由对唱
	09:00—24:00 (全天开放)	巴英蛙婆泉山歌会	设在拉切屯内巴英蛙婆泉旁，游客即兴自由对唱
	13:00—15:00	蚂蚜文化主题展演	设在蚂蚜生态表演广场
	14:00—17:00	农耕文化(农民竞技)体验活动	以景区指示区域为准
	15:00—17:00	巴英铜鼓会	铜鼓广场
	17:00—18:00	葬蚂蚜	铜鼓广场旁蚂蚜墓
	20:00—24:00	篝火狂欢	生态表演广场

注：节选东兰县2023年铜鼓文化(河池)生态保护实验区东兰县核心区"壮族蚂蚜节"活动安排表。

第一大板块是铜鼓山歌文化展演。这个环节精彩纷呈，包含铜鼓迎宾、竹竿舞互动、民间艺术大联欢、蚂蚜山歌会、巴英铜鼓会以及非遗展演等八个引人入胜的节目。每一个节目都将巴英村的文化底蕴和独特魅力展现得淋漓尽致，让在场的每一位观众都能深刻感受到传统文化的韵味。

第二大板块则是蚂蚜节主题展演。这个主题展演通过庆丰系列活动、葬蚂蚜、篝火狂欢等四个节目，生动再现了蚂蚜节的历史渊源和文化内涵。其中，葬蚂蚜环节更是充满神秘色彩，引领观众领略古老习俗的魅力；而篝火狂欢则让大家在欢乐的氛围中尽情释放热情，享受节日的快乐。

第三大板块是民间竞技活动。这个环节以农耕文化(农民竞技)体验活动、民间技艺展演等互动性较强的活动为主。参与者可以亲身参与到各种竞技项目中，体验农耕文化的独特魅力，感受民间高手的精湛技艺。这一环节不仅增强了活动的趣味性，也让观众更加深入地了解巴英村的传统文化和民间风俗。

整个蚂蚜节期间，巴英村变成了一个欢乐的海洋，各种活动应接不暇，让每一位到场的嘉宾都能深深感受到这个传统节日的独特魅力和浓厚氛围。

2. 蚂蚜节的仪式形态与内涵

仪式，这一深深植根于各种民族文化和社会背景中的现象，是通过多种精心挑选的要素巧妙地组合而建构起来的。这些要素以它们独特的方式相互交织，形成了不同的类型，从而产生了诸如团结、秩序体系以及个体情感能量等丰富多样的仪式结果。① 从古至今，仪式以其千变万化的形式，始终如一地存在于人类社会的生活中，它们如同一面面镜子，反射出群体成员对不同团体仪式的参与程度和情感投入。

蚂蚜节，这一被誉为国家非物质文化遗产的珍贵项目，不仅从古至今承载了壮族人民朴素而深厚的自然信仰，更通过一系列严谨而神圣的固定仪式，将这些信仰和文化内涵代代相传。每一个仪式，每一个具象的细节，都蕴藏着深远的象征意义，它们共同编织成一幅壮丽的文化画卷。

在东兰县，巴英村的蚂蚜节仪式尤为引人注目，其影响力和代表性在当地无出其右。与其他各地的蚂蚜节祭祀仪式相比，巴英村的仪式流程丰富而完整，主要包括了找蚂蚜、立祭祀幡、祭祀蚂蚜、葬蚂蚜、篝火晚会与唱蚂蚜歌等五个主要环节。这些环节环环相扣，每一个环节都充满了深厚的文化底蕴和象征意义，共同构成了这一独特而神圣的传统节日。

（1）找蚂蚜。

随着长老高亢而神秘的一声呼喊："雅圭啰!"（意为"去找蚂蚜啦"），身着鲜艳服饰的男女老少们纷纷响应，兴高采烈地踏上寻找蚂蚜的征程。成群结队的人们穿梭在田间地头，仔细搜寻着那些体形硕大、活力四射的蚂蚜（图1-2）。

一旦有人幸运地发现了目标，众人便爆发出热烈的欢呼和掌声，敲锣打鼓的声音响彻云霄。最先找到蚂蚜的勇士被大家尊称为"蚂蚜郎"，众人纷纷将他高高举起，以示对他的尊重和祝贺。

随后，蚂蚜郎怀着无比恭敬的心情，将捕获的蚂蚜郑重地交给主持活动的蚂蚜爷（即蚂蚜节的传承人）。蚂蚜爷小心翼翼地接过这份珍贵的礼物，将其轻

---

① ［美］柯林斯. 互动仪式链［M］. 林聚任，王鹏，宋丽君，译. 北京：商务印书馆，2009.

轻放入装饰精美的蚂蚜棺中。蚂蚜棺外用五彩斑斓的彩纸精心包裹，两炷香火静静地插在一旁，整个场景充满了庄重而神秘的气氛。

接着，村中德高望重的长者缓缓走上前来，他双手捧着蚂蚜棺，将其紧紧护在胸前。在众人的簇拥和护送下，蚂蚜棺被缓缓送入村中的蚂蚜亭内。人们纷纷烧香敬奉，祈求来年风调雨顺、五谷丰登。

找到蚂蚜后，村民们还会带着它挨家挨户地进行祭拜。每到一户人家，主人都会热情地迎接这份特殊的礼物，虔诚地祈祷着家人的平安和幸福。这一传统习俗不仅加深了村民之间的情感联系，也寄托了他们对美好生活的无限向往和期待。

图1-2 巴英村找蚂蚜

(本照片选自河池市非物质文化遗产保护中心编写的《河池壮族蚂蚜节》)

（2）立祭祀幡。

立起象征着蚂蚜神的幡旗（图1-3），是进行祭祀活动前的重要准备，它蕴含着深远的含义。

首先，立幡在过去起到了通信的作用。那时并无现代通信手段，唯有依靠立幡来向邻近的村寨族民传递举行蚂蚜节的信息，邀请他们共同参与这一盛大的庆典。

其次，幡旗被族民们视为吉祥丰收的指引。当幡旗立起的那一刻，飘带随风飘动的方向，就被认为是当年吉祥丰收的方向，特别是棉花丰收的方向。族民们会依据幡旗的指引，满怀希望地耕耘，期待着一个丰硕的收获季节。

再次，幡旗的立起也是对族民士气的一种鼓舞。每当看到高高飘扬的幡旗，族民们就会感受到一种团结和奋进的力量，这种力量能够活跃族内的气氛，增强族群的凝聚力。

最后，幡旗的飘带状态还被视为对未来吉凶的预示。当幡旗立起时，如果三条飘带各自顺风飘开，那就预示着当年寨内将平安顺利；若有两条飘带绞在一起，则暗示着可能会发生一些小的不顺；而若是三条飘带都绞在一起，那就被认为是不吉利的征兆，族民们会格外小心谨慎，以应对可能的不测。

图1-3　立祭祀幡

（3）祭祀蚂蚴。

巴英铜鼓的浑厚演奏声渐渐落下帷幕，而随之而来的，是由蚂蚴传承人引领的祭祀队伍缓缓步入神秘的祭祀场地。他们脸上写满了庄重与虔诚，每一步都显得那么沉稳有力。随着祭祀队伍的到来，整个场地顿时被一种肃穆而神圣的氛围所笼罩。

祭祀仪式（图1-4、图1-5）在传承人的主持下正式开始，村民们自发地从家中带来各种供品，琳琅满目地摆放在祭台前。这些供品中，有涂成鲜红色的鸡蛋，象征着生命的蓬勃与活力；有宰杀好的鸡，代表着丰盛与富足；还有点燃的香烛，袅袅升起的烟雾似乎在向天地神灵传递着人们的祈愿。此外，水果和糯米饭也是供品中不可或缺的一部分。水果的甜美寓意着生活的甜蜜与幸福，而糯米饭则象征着团圆与和谐。这些供品不仅是村民们对美好生活的向往和追求，更是他们对生命的敬畏之心的体现。

在祭祀仪式结束后，欢庆仪式随之拉开帷幕。村民们载歌载舞，欢声笑语回荡在山谷间。这一刻，他们放下了生活的疲惫与烦恼，全身心地投入这场盛大的欢庆之中。他们的笑容那么灿烂，那么真挚，仿佛整个世界都被这份喜悦所感染。

图1-4　唱蚂蚜歌、祭祀蚂蚜

图1-5　祭祀蚂蚜

(4)葬蚂蚱。

祭祀仪式圆满落幕后，祭祀队伍庄严肃穆地前往蚂蚱墓前。他们小心翼翼地取出去年安放的蚂蚱棺，并慎重地破开棺木，以查看其中蚂蚱的骨色。这一环节，既是对过往岁月的尊重，也寄托着对来年美好光景的期盼(图1-6)。

图1-6　查看蚂蚱的骨色

在重新安葬蚂蚱之前，按照传统习俗，他们须先将上年旧尸骨轻轻取出，细致地观察其颜色变化。据民间传说，若骨色泛黄，则预示着这一年将风调雨顺，五谷丰登，百姓安居乐业；若骨色显白，则意味着干旱少雨，五谷歉收，但奇怪的是，棉花却会意外地获得丰收；倘若骨色发黑，那么这一年庄稼收成将大打折扣，人畜也易遭遇疾病与灾祸的侵袭。

随后，一位德高望重的老者被选为祭词的诵读人。他声音洪亮而富有节奏感地念诵着祭词，向天地和蚂蚱神灵表达着人们的敬意与祈愿。伴随着祭词的诵读声，新的蚂蚱被恭敬地放入蚂蚱墓中，准备下葬(图1-7)。整个过程充满了敬畏与神秘感，人们以这种方式与自然和谐共处，并寻求着来年的平安与丰收。

图 1-7 将封好的新蚂蜗放入新棺葬在墓中

（5）篝火晚会与唱蚂蜗歌。

葬蚂蜗仪式圆满结束后，村民们纷纷聚集在舞台四周，以嘹亮的山歌抒发内心的情感。他们借助天文地理、历史风俗的丰富内容，将真挚的情感融入歌声之中，歌声在山谷间回荡，宛如一幅动人的画卷（图 1-8）。

在歌会开始前，主持人庄重地宣布歌场纪律，确保活动的顺利进行。随后，六位村民齐唱开场歌，嘹亮的歌声瞬间点燃了现场的氛围，标志着蚂蜗歌会的正式开始。

在接下来的对歌环节中，村民们首先要唱响的是《祈蚂蜗歌》（图 1-9）。这首歌曲在村里几乎人人都会唱，因为大家深信，会唱的人越多，就越能感动蚂蜗神，蚂蜗神也就越能显灵。因此，每个人都全情投入，用歌声传递着对蚂蜗神的崇敬和祈求，希望她能为村庄带来好运和丰收。

从蚂蜗节的深厚起源与庄重仪式中，我们可以窥见一种对母性与始祖的深深崇拜，这不仅仅是对生命起源与繁衍的敬畏之情，更是对生活平安顺遂的深切向往与期待。无论是巴英版本所流传的神话传说，还是其他各种版本的传说故事，其核心情节都围绕着"最终明白保护蚂蜗的重要性，并将其奉为神明虔诚地祭祀与敬畏"。

图1-8 篝火晚会

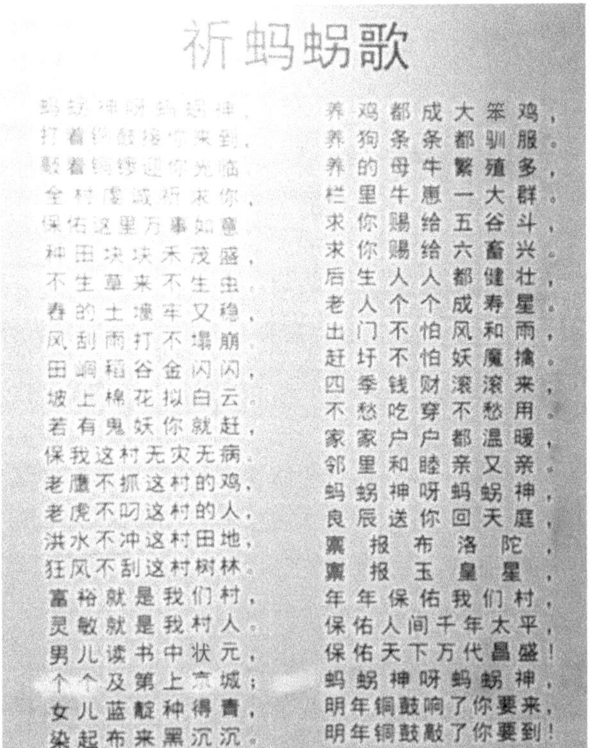

图1-9 祈蚂蚜歌

（本照片选自河池市非物质文化遗产保护中心编写的《河池壮族蚂蚜节》）

蚂蚜，作为一种以各类害虫为食的生物，对人类的农耕生产起着至关重要的作用。保护蚂蚜，实质上就是保护人类自身的生存与繁衍。因此，对蚂蚜神的崇拜，在某种程度上也可视为人类对生命繁衍的崇敬与礼赞。在壮族的历史长河中，后来出现了一位被称为"花婆"的神祇，花婆庙因此应运而生，并被人们亲切地称为百子庙。这座庙宇中蕴含的，便是对母性、生殖与繁衍的深深敬畏与祈愿。

而在花婆信仰形成之前，蚂蚜很可能扮演了类似的象征角色。在每一个蚂蚜节起源的神话传说中，我们都能发现一个女性角色的身影。在巴英版本中，这位女性是东林的母亲；而在1994年版的《东兰县志》中，她则是牙游老妇①。这些女性角色的存在，不仅丰富了传说的情节，更为我们揭示了蚂蚜与母性、繁衍之间的深厚联系。

(四)蚂蚜节的重要仪式活动——蚂蚜舞

蚂蚜舞的起源与广西左江花山岩画有着深厚的渊源，广西左江花山岩画艺术文化景观于2016年7月15日在伊斯坦布尔举行的第40届联合国教科文组织世界遗产委员会会议(世界遗产大会)上获准列入世界遗产名录，成为中国第49处世界遗产。② 这一殊荣不仅肯定了岩画的艺术价值，更揭示了其背后丰富的文化内涵。

左江花山岩画所呈现的画面内容极为丰富多样，主要以蹲式人物图像为核心，生动展现了群体性祭祀的宏大场景。这些图像不仅是对当时左江流域社会状况的真实写照，更深刻反映了人们的思想观念和精神生活。从具体图像的分类来看，可以大致归纳为人物图像、器物图像、动物图像和圆形图像等四大类。③ 其中，人物图像占比高达88.5%，是数量最为庞大的一类图像。

在这些人物图像中，正身人像和侧身人像是最为常见的两种形态。而本书则主要聚焦于正身人像进行深入探讨。这些正身人像的整体形态呈现出一种独特的韵律感：他们两手屈肘上举，双脚平蹲，屈膝向下，仿佛在进行某种神秘的仪式。双上臂大多与肩平，小臂则多向外斜伸，展现出一种动态的美感。虽然多

① 黄相.东兰县志[M].南宁：广西人民出版社，1994.

② 世界遗产名录[J].广西城镇建设，2016(7)：126.

③ 房堃、张亚莎.崖壁上的敦煌——左江花山岩画[J].百科知识，2016(17)：55-60，34-36.

数图像未画出手指部分，但也有部分图像细致入微地描绘了 2 至 5 根不等的手指。

在身躯形态上，这些正身人像也呈现出多样化的特点。有的身躯上粗下细，呈倒三角状；有的则上下等宽，呈柱状；还有的腰间作弧线内收，展现出不同的体态美。下肢方面，多数人物为半蹲姿态，小腿多向外撇，使得整个形象更加生动有力。虽然多数图像的性别特征并不明显，但我们可以从他们的头饰中窥见一二。

这些头饰的种类繁多，可归纳为椎髻形、侈顶形、独角形、双角形、倒"八"字形、飘带形、规矩形、"Y"形、"人"字形、三角形、四角形、刺羽形、面具形、芒圈形、托圈形、独辫形等 16 种(图 1-10、图 1-11)。[①] 这些头饰不仅丰富了人物形象的视觉效果，更为我们提供了了解当时社会文化和审美观念的宝贵线索。

图 1-10 左江花山岩画的正身人像(广西壮族自治区文物局供图)

图 1-11 宁明花山岩画的正身人像(广西文物保护与考古研究所杨清平教授提供)

---

① 广西壮族自治区民族研究所.广西左江流域崖壁画考察与研究[M].南宁：广西民族出版社，1987；广西壮族自治区文化厅文物处，广西壮族自治区博物馆.广西左江岩画[M].北京：文物出版社，1988；张亚莎，牟孝梅，黄亚琪，等.广西左江岩画文化内涵与独特性研究[M]//广西壮族自治区文化厅，广西壮族自治区文物局.左江花山岩画研究报告集：上册.南宁：广西科学技术出版社，2015.

广西文物保护与考古研究所的杨清平教授，是一位资深的研究馆员，对花山岩画进行了深入解读。他明确指出，花山岩画生动而清晰地描绘了壮族先人跳蚂蚜舞的壮观场景(图 1–12)。

经过考古专家对岩画中钟乳石的 C14 年代测定，确认花山岩画是在战国至东汉时期分批次绘制完成的。[1] 这一重要发现不仅证明了岩画的历史悠久性，更为我们研究壮族文化提供了宝贵的实物资料。

基于上述研究成果，我们可以合理推断：蚂蚜舞这一具有鲜明民族特色的舞蹈形式，最迟起源于东汉之前，距今已有两千多年的历史。这一结论不仅让我们对蚂蚜舞的历史渊源有了更深刻的认识，也为我们进一步探讨壮族文化的传承与发展提供了重要线索。

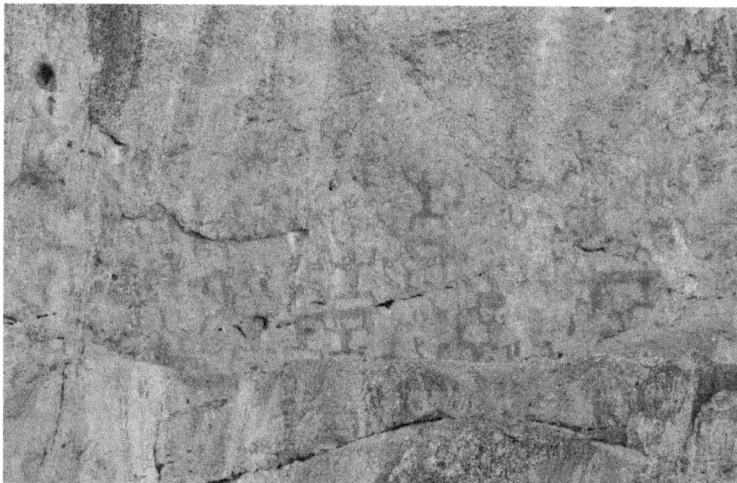

图 1–12　壮族先人跳蚂蚜舞的场景
(广西文物保护与考古研究所杨清平教授提供)

在壮族盛大的蚂蚜节庆典中，最引人瞩目、吸引眼球的无疑是那精彩绝伦的"跳蚂蚜舞"环节。在这个环节开始之前，演员们会精心地在自己的脸上和身上涂抹上烟灰，以此巧妙地装扮成蚂蚜的模样，然后登台献艺。他们的舞蹈动作不仅惟妙惟肖地模仿了蚂蚜的灵动姿态，更融入了壮族人民特有的幽默与风趣，使得整个表演充满了欢乐与活力，让观众们忍俊不禁，陶醉其中。

---

[1] 邱玉红.左江花山岩画与壮族文化研究综述［J］.百色学院学报，2015，28(1)：108-113.

蚂蚜节活动不仅仅局限于蚂蚜舞这一项，实际上，它涵盖了多个丰富多样的舞蹈节目。这些节目包括生动展现青蛙诞生过程的"蚂蚜出世舞"，虔诚祭拜青蛙神灵的"拜蚂蚜神舞"，以及热情奔放的"拜铜鼓舞"等。此外，还有描绘田间劳作的"耙田犁地舞"，展现原始部落生活的"毛人舞"，寓意驱邪避疫的"驱邪灭瘟舞"，以及反映农耕文化的"插秧舞""薅秧舞"等。更有模拟狩猎场景的"打猎舞"，生动再现渔猎生活的"打鱼捞虾舞"，寓意族群繁衍昌盛的"繁衍舞"，庆祝丰收的"丰收祭拜舞"，以及展现壮族传统美食制作过程的"舂糍粑舞"和"椿榔舞"等。

为了让大家更加直观地了解蚂蚜舞的魅力，以及更深入地认识蚂蚜节的文化内涵，我们特别准备了一组 2023 年壮族蚂蚜舞系列图片（图 1-13 ~ 图 1-21）。通过这些图片，大家可以身临其境地感受到蚂蚜舞的欢快节奏和演员的精湛技艺，从而对壮族这一独特的传统节日有更深刻的认识与了解。

图 1-13　村民筒噔表演

图 1-14　驱邪灭瘟舞

图 1-15　丰收祭拜舞

图 1-16　蚂蚜舞

图 1-17　耙田犁地舞

图 1-18　播种舞

图 1-19　插秧舞

图 1-20　舂谷舞

图 1-21　舂糍粑舞

　　蚂蚜舞，作为蚂蚜节最为热闹且经典的核心环节，其重要性不言而喻。这一系列的舞蹈，无论是在庄重的祭祀仪式中，还是在展现壮族人民日常生产劳作的场景中，都发挥着举足轻重的作用。舞蹈的精髓在于将蚂蚜拟人化，舞者通过惟妙惟肖地模仿蚂蚁的形态，巧妙地融入人类生产生活的动作元素，淋漓尽致地表达了人们对蚂蚁这一生物的无限敬意与崇拜，以及对生活的深沉热爱。

在壮族的文化传统中，祭拜蚂蚁神被视为祈求风调雨顺、五谷丰登的重要途径。这些蚂蚁舞不仅生动活泼，充满了生命的活力，而且舞蹈中使用的各种道具也制作得栩栩如生，仿佛真的蚂蚁就在眼前跃动。这一切都为观众营造了一种神秘的古老文化氛围，仿佛穿越时空，亲身体验到了壮族古老的文化魅力。

这些舞蹈不仅仅是简单的艺术表演，它们更是壮族人民生产生活方式、娱乐、祭祀和礼仪习俗的综合体现。每一个舞蹈动作，都蕴含着丰富的文化内涵和深厚的历史积淀。蚂蚁节的起源，深深扎根于壮族人民对大自然的深刻认知，以及他们原始的生活状态和独特的劳动方式。正是基于这样的生活实践和文化传统，壮族人民形成了对自然的无限崇拜，蚂蚁节和蚂蚁舞也应运而生，成为他们文化传承的重要载体。

二、蚂蚁捉害虫的历史渊源与发展

蚂蚁节的历史悠久，深深扎根于民族文化的沃土之中。在古代，壮族人民深信蚂蚁是主宰万物之神，对其虔诚祭拜，以期能驱灾避害。然而，这种信仰实质上揭示了当时人们对自然现象认知的局限性，是他们试图理解和应对复杂世界的一种方式。

随着时代的演进、科学知识的普及以及生产方式的深刻变革，蚂蚁节的功能与价值也在悄然发生转变。它不再仅仅被视为一种祈福避灾的手段，而是逐渐演变成为一种承载多元教育功能的文化现象。蚂蚁节不仅为人们提供了了解和传承民族文化的平台，更在增强民族认同感、自信心以及强化本民族共同心理特征方面发挥着不可替代的作用。

在蚂蚁节的传承与保护过程中，人们逐渐认识到，这不仅仅是对一种传统节日的维护，更是对优秀传统文化精髓的坚守与传承。为了确保蚂蚁节得以持续传承，广西壮族自治区体育局和南宁市民族宗教委员会积极作为，采取了一系列切实有效的措施。他们深入挖掘蚂蚁节的丰富文化内涵，将其与现代体育理念相结合，成功地将这一传统节日转化为少数民族传统体育项目——蚂蚁捉害虫。

蚂蚓捉害虫源于中国古代农耕文化的蚂蚓节，因壮族群众对青蛙的独特称谓"蚂蚓"而得名。作为一项集速度、爆发力、协调性于一体的运动项目，蚂蚓捉害虫不仅考验着运动员的核心力量和四肢力量，更要求他们具备出色的身体协调性和反应能力。在比赛中，选手们须模仿青蛙的跳跃动作，以最快的速度穿越赛道，并在到达终点后迅速"捉住害虫"返回起点。

将蚂蚓捉害虫这样的传统文化元素融入体育竞技中，不仅为传统体育注入了新的活力，也为年轻人了解和参与这一传统活动提供了新的途径。这种融合不仅有助于保护和传承这一文化遗产，更在丰富体育竞技的多样性和趣味性方面发挥了积极作用。随着规则的不断完善和推广普及的深入进行，蚂蚓捉害虫有望成为广西乃至全国范围内具有广泛影响力的传统体育项目之一，为人类与自然和谐共生的理念注入新的时代内涵。

三、蚂蚓捉害虫运动在当代的开展与普及现状

党的二十大报告强调，我们必须推进文化自信自强，铸就社会主义文化新辉煌。在构建社会主义现代化国家的伟大征程中，我们必须坚定不移地走社会主义发展道路，不断开拓现代化发展道路，构建具有中国特色的文化体系。这不仅是为了让人民过上更加幸福的生活，更是为了强化文化自信，实现中华民族伟大复兴的中国梦。在这一过程中，各民族体育的弘扬和发展将发挥重要作用，成为展现时代力量、发扬民族体育文化精髓的重要载体。

民族传统体育项目不仅具有强健体魄的健身功能，更承载着中华传统体育文化的深厚底蕴。它们对于培养青少年了解、传承中国传统体育文化，加强民族团结，树立实现中华民族伟大复兴的中国梦的责任意识和奉献意识具有重要意义。因此，我们应该充分挖掘和利用这些宝贵的文化资源，为构建社会主义现代化国家注入强大的精神动力。

2018年10月，广西壮族自治区第十四届少数民族传统体育运动会将蚂蚓捉害虫正式纳入比赛项目，这一创举为教练员和运动员带来了新的挑战和机遇。在此之前，蚂蚓捉害虫的技术动作和竞赛规则在实践中尚存空白，需要我们去探索和完善。作为长期致力于民族民间和民俗体育研究的学者，笔者自2008年研究生入学以来，便跟随导师深入研究这一领域，对蚂蚓捉害虫运动产生了浓厚的兴趣。

通过查阅大量相关资料和深入了解广西河池蚂蚓节的文化背景，逐渐对蚂

蜗捉害虫的技术动作有了初步的认知。在导师的指导下，笔者不断琢磨、实践、修正与完善这些技术动作，力求使它们既符合传统规范，又具有现代竞技性。这一过程充满了艰辛与挑战，但也让笔者收获了成长与喜悦。

终于，在广西壮族自治区第十四届少数民族传统体育运动会上，笔者代表南宁市代表队成功创编并展示了一套兼具艺术美感与竞技挑战的蚂蜗捉害虫技术动作。这套动作不仅展现了蚂蜗捉害虫的独特韵味和民族特色，更融入了现代体育的元素和竞技精神，赢得了组织者、教练员和观众的广泛认可与赞誉。

随着媒体的广泛报道和宣传，笔者和学生们也受到了各大媒体的关注。广西电视台、南宁电视台、《南宁日报》、崇左电视台等媒体纷纷来到现场，为我们记录下了这难忘的一刻。这一经历不仅是对笔者个人多年来致力于民族传统体育文化研究的肯定和鼓励，更是对广西少数民族传统体育文化传承与发展的有力推动和宣传。

展望未来，笔者将继续致力于民族传统体育文化的研究和推广工作，为弘扬中华民族优秀传统文化、增强文化自信贡献自己的力量。同时，笔者也希望更多的人能够关注和参与到民族传统体育项目中来，共同为构建社会主义现代化国家、实现中华民族伟大复兴的中国梦贡献力量。

表1-2 蚂蜗捉害虫运动在当代的开展与普及现状一览表

序号	时间	标志性事件	地点	影响力
1	2018年10月	广西壮族自治区第十四届少数民族传统体育运动会（图1-22和图1-23）	崇左市体育馆	蚂蜗捉害虫首次由民族民间体育活动演变为竞技项目，成为少数民族传统体育运动会上最为关注和讨论的亮点
2	2019年2月	广西体坛暨全民健身宣传活动（图1-24）	广西广播电视台演播大厅	南宁职业技术学院蚂蜗捉害虫代表队与中国著名水球运动员马欢欢和蹼泳运动员舒程静同台表演，向优秀运动员推广蚂蜗捉害虫运动
3	2020年4月	南宁市少数民族传统体育训练基地（图1-25和图1-26）	南宁职业技术学院	笔者作为南宁市少数民族传统体育训练基地的负责人，将世界级非物质文化遗产的花山岩画与蚂蜗节作为基地的重要背景元素，为蚂蜗捉害虫运动的发展与普及奠定了基础

续表1-2

序号	时间	标志性事件	地点	影响力
4	2020 年 9 月	南宁职业技术学院民族传统体育协会成立(图1-27)	南宁职业技术学院	为配合南宁市少数民族传统体育训练基地的培育与发展,南宁职业技术学院首次成立校级民族传统体育协会,主要发展蚂蚓捉害虫、抛绣球、板鞋竞速、滚铁环等优秀的少数民族传统体育项目,提高学生对本土文化的认同
5	2022 年 6 月	贺州市第三届少数民族传统体育运动会(图1-28)	贺州市体育馆	南宁职业技术学院蚂蚓捉害虫代表队被邀参加贺州市第三届少数民族传统体育运动会开幕式表演
6	2022 年 10 月	广西壮族自治区第十五届少数民族传统体育运动会(图1-29和图1-30)	桂林市体育馆	蚂蚓捉害虫第二次进入广西壮族自治区少数民族传统体育运动会,无论是技术动作还是规则等都进一步得到完善
7	2023 年 4 月	"潮动三月三　民族体育炫"(图1-31)	百色市体育馆	蚂蚓捉害虫首次参加广西"潮动三月三　民族体育炫"的比赛,标志着蚂蚓捉害虫越来越被认可与重视
8	2023 年 4 月	广西民族传统体育项目北京展演活动暨 2023 年"潮动三月三　京城桂韵浓"系列活动(图1-32)	北京奥林匹克体育公园	南宁职业技术学院蚂蚓捉害虫代表队受邀到北京参加展演。这也是蚂蚓捉害虫首次走出广西,与北京体育大学、中央民族大学、北京师范大学等名校同台表演并受到一致的好评与赞扬
9	2024 年 3 月 30 日	"广西三月三,在京看非遗"(图1-33)	广西大厦	南宁职业技术学院蚂蚓捉害虫代表队受邀到北京参加展演。这也是蚂蚓捉害虫运动第二次走出广西与北京体育大学等名校同台表演并再次受到一致的好评与赞扬

注:2024 年 5 月,教育部批准以南宁职业技术学院为基础整合资源设立南宁职业技术大学。本书正文所述内容均早于 2024 年 5 月,仍使用南宁职业技术学院。

通过表 1-2 的详尽展示,我们可以清晰地看到蚂蚓捉害虫运动在当代社会的开展与普及现状呈现出一种蓬勃向上、充满活力的态势。自 2018 年首次亮相于广西壮族自治区少数民族传统体育运动会以来,蚂蚓捉害虫运动便以其独特的魅力和深厚的文化底蕴吸引了众多关注的目光。经过几年的不懈努力和发展，到了 2023 年，这一运动更是成功走出广西，在北京的展演活动中大放异彩，赢得了各界人士的一致好评。

在这一过程中，蚂蚁捉害虫运动不仅获得了广泛的关注和认可，更在技术和规则层面得到了持续不断的提升和完善。这些显著进步和标志性成就，不仅有力地推动了蚂蚁捉害虫运动本身的快速发展，也为广西少数民族传统体育文化在全国乃至全球范围内赢得了更高的声誉和影响力。同时，这些丰富多彩的活动也为教练员和运动员搭建了一个展示才华、交流技艺的广阔平台。他们的精彩表现不仅激发了更多人对于民族传统体育的浓厚兴趣，也进一步点燃了社会各界深入挖掘和发展少数民族传统体育文化的热情。

特别值得一提的是，南宁职业技术学院在蚂蚁捉害虫运动的推广和普及工作中发挥了举足轻重的作用。作为南宁市少数民族传统体育训练基地的负责人，能够为该项运动的发展贡献自己的力量，笔者深感荣幸。通过精心创编出一套既具艺术美感又富竞技挑战性的蚂蚁捉害虫技术动作，以及成立民族传统体育协会、定期举办民族传统体育运动会、建立室内外蚂蚁训练基地等一系列举措，我们为蚂蚁捉害虫运动的长远发展奠定了坚实的基础。

展望未来，我们坚信随着更多人的积极参与和大力支持，蚂蚁捉害虫运动将在广西乃至全国范围内产生更加广泛而深远的影响。这一充满活力和魅力的传统体育项目将不断吸引更多人关注和参与到少数民族文化的传承与发展中来。同时，随着技术和规则的持续完善以及竞技水平的提升，蚂蚁捉害虫运动也将逐渐演变成为一项观赏性和竞技性俱佳的体育项目，为广大人民群众提供更加丰富多样的体育娱乐选择。

图 1-22　赛后运动员展示蚂蚁捉害虫动作技术

图 1-23 广西壮族自治区第十四届少数民族
传统体育运动会赛后笔者和运动员接受采访

图 1-24 南宁职业技术学院蚂蚜捉害虫代表队
与中国著名水球运动员马欢欢和蹼泳运动员舒程静同台表演

图 1-25　南宁市少数民族传统体育训练基地入口

图 1-26　南宁市少数民族传统体育训练基地文化展示厅蚂蜎墙

图1-27　南宁职业技术学院民族传统体育协会成立

图1-28　南宁职业技术学院蚂蚜捉害虫代表队受邀
参加贺州市第三届少数民族传统体育运动会开幕式表演

图 1-29　广西壮族自治区第十五届少数民族传统体育运动会蚂蚃捉害虫比赛
（口衔"害虫"）

图 1-30　广西壮族自治区第十五届少数民族传统体育运动会蚂蚃捉害虫比赛
（手抓"害虫"后准备口衔）

图 1-31　南宁职业技术学院蚂蚜捉害虫代表队
参加广西"潮动三月三　民族体育炫"的比赛

图 1-32　南宁职业技术学院蚂蚜捉害虫代表队受邀参加广西民族传统体育项目
北京展演活动暨 2023 年"潮动三月三　京城桂韵浓"系列活动

图 1-33　南宁职业技术学院蚂蚁捉害虫代表队受邀到北京参加展演

第二章

蚂蚜捉害虫运动的基本特征

蚂蚜捉害虫，这一富有民俗特色的运动项目，是广西壮族自治区少数民族传统体育运动会上备受瞩目的焦点之一。在广西方言中，"蚂蚜"即"青蛙"。因此，在这项别开生面的比赛中，参赛选手们模仿青蛙敏捷而独特的跳跃方式，在规定的折返赛道上奋力向前跳跃。他们的目标是在赛道的另一端迅速而准确地抓取到象征"害虫"的绿色毛绒虫玩具，并迅速返回起点。在这场速度与技巧的比拼中，最先抓取到毛绒虫玩具并返回起点的选手是比赛的获胜者。

在广西壮族自治区第十四届和第十五届少数民族传统体育运动会上，蚂蚜捉害虫运动无疑成为一道吸引眼球的独特风景线。观众们纷纷为选手们的精湛技艺和出色表现报以热烈的掌声和欢呼声。

蚂蚜捉害虫运动深深植根于农耕文明的沃土之中，它不仅仅是一项体育竞技活动，更是一种寓意深远的文化象征。通过模仿青蛙的跳跃动作来驱赶害虫、保护庄稼，这项运动在少数民族文化中承载着丰富的内涵和深厚的情感。

要深入研究蚂蚜捉害虫运动，我们首先必须全面而准确地把握其基本特征。这些特征可以从两个方面来加以理解：一是蚂蚜捉害虫在时间、空间以及运动过程中所展现出的独特性和规律性；二是蚂蚜捉害虫本身所固有的内在属性，如民族性、独特性、象征性、传承性、活态性和流变性等。[①] 这两个方面相互交织、相互影响，共同构成了蚂蚜捉害虫运动的鲜明特色和独特魅力。

---

① 崔乐泉. 中国民族传统体育学［M］. 北京：科学出版社，2018.

蚂蚂捉害虫运动最突出的表现，无疑是其从整体上所体现出的民族性、独特性、象征性、传承性、活态性和流变性。这些特征使得这项运动在广西壮族自治区乃至更广泛的范围内都具有深远的影响和持久的魅力。它不仅仅是一项体育竞技活动，更是一种文化的传承和弘扬、一种精神的寄托和表达。

第一节　民族性

民族性是蚂蚂捉害虫运动最为鲜明且深刻的特质之一。这种民族性不仅仅浮于表面，更深深植根于蚂蚂捉害虫运动的文化内涵之中，构成了其不可或缺的核心要素。具体而言，蚂蚂捉害虫运动的民族性体现了一种独特的民族文化心理素质，这种心理素质是壮族人民在历史长河中，由于特定的生存区域、生态环境、生产生活方式以及文化传承与传播方式等因素的综合作用，逐渐形成的与其他民族迥异的体育文化特征。这种民族文化心理素质在蚂蚂捉害虫运动中得到了淋漓尽致的表现，使得该运动成为壮族文化的生动缩影和鲜活载体。

蚂蚂文化作为民族文化的重要组成部分，蚂蚂捉害虫运动的民族性自然也是民族文化多样性的一种体现。这种多样性源于不同民族在历史发展过程中的差异化生存策略和文化选择，使得每一个民族都形成了自己独特的体育文化传统。在蚂蚂捉害虫运动中，我们可以看到壮族人民对于生活的热爱、对于自然的敬畏以及对于团队协作的重视，这些都是该运动民族性的具体表现。

进一步来说，民族性不仅是蚂蚂捉害虫运动的一种标识，更是其独特的文化烙印。这种烙印在不同的民族体育项目中都有所体现，但蚂蚂捉害虫运动无疑将其演绎得更加淋漓尽致。从项目的起源到发展，从推广普及到竞技比赛，蚂蚂捉害虫运动始终与壮族文化紧密相连，展现出一种独特的民族魅力。

首先，从蚂蚂捉害虫运动的起源来看，它源自壮族民间的体育活动，这就决定了其必然带有浓厚的民族文化色彩。在发展过程中，该项目逐渐从民间走向竞技舞台，不仅丰富了其运动形式，也使其民族性特征得到了更加广泛的传播和认同。

其次，在推广和普及过程中，蚂蚂捉害虫运动始终注重与本土文化的深度融合。例如，在南宁市少数民族传统体育训练基地的建设中，就巧妙地将世界级非物质文化遗产——花山岩画元素融入其中，为蚂蚂捉害虫运动的发展营造了浓厚的文化氛围。此外，南宁职业技术学院成立的民族传统体育协会也为蚂蚜捉害虫运动等少数民族传统体育项目的传承与发展提供了有力支持，通过举办各类活动赛事，进一步提高了学生对本土文化的认同感和自豪感。

最后，蚂蚜捉害虫运动在各类体育赛事和活动中备受瞩目。无论是在广西本土的少数民族传统体育运动会上，还是在全国乃至国际性的体育文化交流活动中，蚂蚜捉害虫运动都以其独特的民族魅力和精湛的运动技艺赢得了广泛赞誉。这些成绩的取得不仅彰显了蚂蚜捉害虫运动的民族性特征，也为其未来的传承与发展奠定了坚实基础。

综上所述，蚂蚜捉害虫运动作为一种具有鲜明民族性的体育项目，不仅反映了壮族人民的历史文化特征和生活方式，更在推广普及和竞技比赛中不断与本土文化深度融合，展现出独特的魅力和价值。

第二节　独特性

蚂蚜捉害虫运动，作为壮族文化的一种生动表达，深刻体现了这个民族的独特创造力与智慧。从具体的运动方式、竞赛规则，到肢体语言、动作技术，乃至其内涵和习俗，蚂蚜捉害虫运动都展现出了鲜明的独特性和不可复制性。这些元素不仅构成了该运动的外在形态，更在深层次上反映了壮族人民的思想、情感、意识以及价值观，这些都是难以被模仿和再生的文化精髓。

任何民族文化都蕴含着独特的传统因素、文化基因和民族记忆，它们是一个民族身份认同和持续发展的根基。对于蚂蚜捉害虫运动而言，同样不例外。它所承载的独特性，不仅为壮族文化增添了丰富色彩，也为该运动的理论与实践发展奠定了坚实基础。蚂蚜捉害虫运动的独特性表现在多个方面。

第一，其竞技形式独树一帜。运动员须四肢着地，模仿青蛙跳跃前进[1]，用手抓取"害虫"后，再以嘴衔回。这种别具一格的竞技方式，不仅考验着运动员的速度、爆发力和协调性，还要求他们在比赛中展现出优美的姿态和流畅的动作。

第二，蚂蚜捉害虫运动对核心力量和四肢力量的要求极高。作为一项集速度、力量和技巧于一体的运动项目，它要求运动员在比赛中不断进行快速有力的跳跃，同时用手臂支撑身体并保持平衡。这对运动员的体能和力量提出了严

---

[1]　路琼.壮锦纹饰研究[D].济南：山东大学，2017.

峻的挑战,也是该运动独特魅力的一部分。

第三,蚂蚜捉害虫运动还对运动员的反应速度有着特殊要求。由于比赛距离短且时间紧,运动员必须具备迅速反应的能力才能在激烈的竞争中脱颖而出。这种要求不仅锻炼了运动员的敏锐观察力和快速反应能力,也为比赛增添了更多的悬念和看点。

第四,蚂蚜捉害虫运动还体现了人与自然和谐相处的理念。其名称和运动方式都源于对青蛙捕食昆虫这一自然行为的模仿[①],这不仅表达了人类对大自然的敬畏和尊重,也传递了人类希望与自然和谐共生的美好愿望。通过参与这项运动,人们能够更深刻地理解生态平衡的重要性,并更加珍惜和保护自然资源。

第五,蚂蚜捉害虫运动具有深厚独特的文化内涵。它起源于中国南方农耕文化的蚂蚜节。这项运动不仅是民族文化传承的重要载体,更是弘扬民族精神、增进民族团结的桥梁和纽带。[②] 通过参与蚂蚜捉害虫运动,人们能够更深入地了解和体验壮族传统文化,感受其独特的魅力和价值。

综上所述,蚂蚜捉害虫运动的独特性体现在其竞技形式、力量要求、反应速度、文化内涵以及人与自然和谐相处的理念等多个方面。这项传统体育项目不仅有助于培养运动员的体能、技能和意志品质,还具有深远的社会和文化价值,是壮族文化宝库中的一颗璀璨明珠。

第三节 象征性

蚂蚜捉害虫运动作为民族传统体育文化不可或缺的一部分,其象征性特征尤为显著。这一特征涵盖有形文化、行为文化、肢体语言符号以及精神文化等多个层面,它们共同构成了民族传统体育文化的深厚底蕴。这些组成部分可进一步细分为外显和内隐两部分。例如,传统体育活动中的器材用具等有形实体,以及具体动作和肢体语言符号等外在表现形式,均属于外显部分;而体育活动背后所蕴含的深刻文化寓意和内在精神,则属于内隐部分。这种内外结合

---

① 张鑫,易刚明,朱春燕.民俗文化在形势与政策课中的生态文明教育功能与利用——以广西蛙婆节民俗文化为例[J].乌鲁木齐职业大学学报,2016,25(4):13-17.

② 邱丕相,戴国斌.弘扬民族精神中的武术教育[J].哈尔滨体育学院学报,2005(4):1-3.

的方式，使得民族传统体育文化得以完整而生动地呈现。①

　　所谓象征性，就是指外显部分往往承载着某种象征意义，它们作为文化的载体，旨在彰显和传达某种内在的价值观念或精神追求。反之，文化的内隐部分也需要通过这些外在形式得以彰显和传达。在蚂蜴捉害虫运动中，这种象征性体现得尤为明显。

　　对于当地少数民族而言，蚂蜴捉害虫运动不仅是一项体育活动，更是一种深刻的文化象征。它起源于广西东兰县壮乡村寨的蚂蜴节，这一节日在每年农历二月初二。节日期间，人们会进行找蚂蜴、祭蚂蜴、葬蚂蜴等一系列仪式活动，其中葬蚂蜴的日期和仪式因地区而异，但都庄重且充满神秘感。葬蚂蜴过后，人们还会举行蚂蜴歌会等活动，比如男女对唱，歌唱内容涵盖天文、地理、风俗人情、生产劳动等方方面面。这些活动构成了蚂蜴节的外显部分，让人们能够直观地感受到这一节日的独特魅力和文化氛围。

　　然而，蚂蜴节的意义远不止于此。自诞生之日起，它就承载着壮族儿女共同的精神寄托和信念追求——驱赶害虫，保护庄稼，祈盼风调雨顺、人寿年丰。这些愿景和忧患意识深深植根于壮族文化之中，成为蚂蜴节不可或缺的精神内核。2018 年之后，蚂蜴节更是实现了从传统节庆活动到民族传统体育竞技项目的华丽转变，这一转变不仅赋予了蚂蜴节新的文化象征意义——顽强拼搏、团结协作、奋发向上，也让更多人有机会亲身体验和感受这一独特民族文化的魅力。

　　蚂蜴节的转变可以说是民族文化和体育精神的完美结合。在竞技场上，选手们以顽强的毅力进行拼搏，他们的每一次努力都是对胜利的执着追求；他们团结协作，共同面对挑战，展现出集体的智慧和力量；他们奋发向上，不断超越自我，用实际行动诠释着对更高、更快、更强的体育精神的追求。这些精神不仅体现了中华民族的传统美德和时代精神，也成为推动社会进步和民族团结的重要力量。同时，蚂蜴捉害虫运动的推广和普及也为传承和弘扬少数民族文化开辟了新的路径和方式。

---

① 崔乐泉.中国民族传统体育学［M］.北京：科学出版社，2018.

第四节 传承性

传承性是蚂蚜捉害虫这一独特运动得以生生不息、历久弥新的核心要素。它不仅仅是一种简单的运动形式，更是一种深深植根于人们心中的文化符号，通过集体、群体或个体方式得以继承和发展。这种传承，不仅仅依赖于口述、肢体语言等直观方式，更在于那些深藏于人们心中的观念、心理积淀等无形因素。而那些承担起传承重任的人，他们不仅熟练掌握了蚂蚜捉害虫运动的专门知识、技能和观念，更将这些元素内化为自身的一部分，成为这一文化的活态载体。

蚂蚜捉害虫运动，早已超越了体育运动的范畴，它更像是一部流动的文化史诗，记录着人们对自然环境的敬畏与爱护，以及与自然和谐共生的不懈追求。[①] 在娱乐教育层面，它如同一把钥匙，为青少年打开了一扇通向培养团队协作、竞争意识等能力的大门，也让他们更加深刻地认识到环保的重要性。在民间，蚂蚜捉害虫运动更如同一道亮丽的风景线，为节庆活动增添了浓厚的文化气息，让民众的精神文化生活更加丰富多彩。

在当代社会，蚂蚜捉害虫运动的传承与发展正面临着前所未有的机遇。以南宁职业技术学院为例，该校将蚂蚜捉害虫运动纳入体育课程，不仅是对学生身体素质和团队协作能力的培养，更是对本土文化的一种认同和传承。这种跨时代的传承，让蚂蚜捉害虫运动焕发出了新的生机与活力。

第一，蚂蚜捉害虫运动的传承性体现在对文化的继承与弘扬上。它起源于农耕文化，是人们对青蛙捕食行为的模仿和演绎。在漫长的历史长河中，它不断吸收和融合各种民族文化元素，成为一部承载着丰富文化内涵的史诗。这种文化的传承，不仅有助于弘扬民族文化，更能增强民族认同感和凝聚力[②]，让人们更加珍视和尊重自己的文化根源。

第二，蚂蚜捉害虫运动的传承性还体现在对体育精神的传承上。这项运动不仅仅是一种身体技能的展示，更是一种精神的磨砺和传承。运动员需要发扬

---

① 孙庆彬，吴光远，周家金，等.少数民族村落传统体育的非正式制度研究——以壮、侗、苗、瑶等少数民族古村落为例[J].西安体育学院学报，2014，31（1）：64-69.

② 赵世林.论民族文化传承的本质[J].北京大学学报（哲学社会科学版），2002（3）：10-16.

团结协作、顽强拼搏、奋发向上的精神，才能在比赛中取得胜利。这种精神不仅对个人的成长和发展具有重要意义，更对社会的和谐与进步起到了积极的推动作用。

第三，蚂蚜捉害虫运动的传承性还体现在对民间传统的维护上。作为一项具有悠久历史的民间传统活动，蚂蚜捉害虫运动的传承不仅是对历史的尊重，更是对传统文化的保护和弘扬。它让人们更加了解和珍视自己的文化遗产，从而为传统文化的传承和发展奠定了坚实的基础。

第四，蚂蚜捉害虫运动的传承性还体现在对生态意识的传播上。这项运动强调对生态环境的保护和生态平衡的维护，让人们更加深入地认识到生态保护的重要性。通过参与这项运动，人们不仅能锻炼身体、提高技能，更能培养自身强烈的生态意识，为推动生态文明建设和可持续发展贡献自己的力量。

第五，蚂蚜捉害虫运动的传承性还体现在对社区凝聚力的增强上。这项运动通常在社区范围内开展，为社区居民提供了一个交流和互动的平台。通过共同参与这项运动，人们能够增进彼此的了解和友谊，加强社区凝聚力和归属感，从而营造出更加和谐、温馨的社区氛围。[①]

综上所述，蚂蚜捉害虫运动的传承性体现在多个方面，包括文化的继承与弘扬、体育精神的传承、民间传统的维护、生态意识的传播及社区凝聚力的增强等。这些无形的民族精神文化正是在有形的民族体育形态、技能与行为活动中得以传承和延续的，它们共同构成了蚂蚜捉害虫运动独特的文化魅力和社会价值。

第五节　活态性

蚂蚜捉害虫运动深深植根于广西地区，特别是在东兰县的壮族人民生活中，它不仅是一项体育运动，更是一种丰富多彩的文化现象，充分展现了人与自然和谐共生的智慧。这一文化通过模仿蚂蚜的跳跃动作，将人类与自然紧密连接，体现了壮族人民对自然界的敬畏和尊重。

在壮族传统文化中，蚂蚜被视为一种神秘而神圣的生物，象征着丰收、繁

---

① 朱嘉琦.基于复杂适应系统理论的居住型历史文化街区更新设计探析[D].济南：山东工艺美术学院，2023.

荣和幸福。蚂蚜捉害虫运动不仅是对蚂蚜跳跃动作的简单模仿，更是一种通过身体语言与自然界进行沟通和交流的方式。这种沟通方式传递着壮族人民对自然界的感恩之情，以及对与自然和谐共生的美好愿景的期盼。① 蚂蚜捉害虫运动的活态性体现在多个方面。

在技术创新方面，这一运动从最初的简单模仿逐渐发展出了一系列高难度动作和技巧，如腾空跳跃、连续跳跃、转身跳跃等。这些动作和技巧不仅考验着运动员的身体素质和协调能力，也体现了蚂蚜捉害虫运动在技术创新方面的不断追求。

在规则制定方面，蚂蚜捉害虫运动也展现出了其活态性的一面。随着比赛的日益普及和规范化，蚂蚜捉害虫比赛的规则也在不断调整和完善中。这些规则包括比赛场地、比赛时间、评分标准等多个方面，旨在确保比赛的公平性和公正性。同时，规则的不断演进也为这一运动的长远发展提供了坚实的保障。

蚂蚜捉害虫运动在传承方式上也体现出了活态性的特点。除了传统的师徒传承方式外，现代社会的教育体系、文化传媒等也为蚂蚜捉害虫运动的传承提供了更广阔的平台和更多元的渠道。这些新的传承方式使得更多的人有机会接触到这一独特的文化现象，并为其传承和发展贡献力量。

蚂蚜捉害虫运动的影响力逐渐从具有地区性扩展到具有全国性乃至国际性。越来越多的地区和民族开始了解和接纳这一运动，并积极参与其中。通过举办各种级别的比赛、交流活动及文化节庆等，蚂蚜捉害虫运动在促进民族团结、增强文化自信方面发挥着积极作用。

综上所述，蚂蚜捉害虫运动以其独特的活态性在中华民族传统文化宝库中占据着重要地位，它见证了壮族人民与自然和谐共生的历史与智慧。随着社会的不断发展和进步，我们有理由相信，蚂蚜捉害虫运动将继续焕发出新的生机与活力。

第六节　流变性

民族传统体育，作为人类丰富多彩的文化形态之一，承载着深厚的历史底蕴和深刻的民族记忆。在其漫长而持续的存在、传播和传承过程中，既展现出

---

① 李思翔.基于文化记忆的农耕节庆文化 IP 形象视觉表现策略研究[D].桂林：广西师范大学，2023.

惊人的稳定性，又不断适应着时代的变化，呈现出独特的变化性。这种在稳定中寻求变化，在变化中保持稳定的特性，正是民族传统体育的魅力所在。蚂蜴捉害虫运动，作为广西少数民族传统体育项目之一，便生动地体现了这种流变性。

从规则与形式的角度来看，蚂蜴捉害虫运动在保持其核心动作——模仿青蛙跳跃捉害虫的基础上，不断吸收新的元素，使其比赛规则和运动形式更加丰富多彩。例如，比赛场地的变化，从田径场的塑胶跑道到草坪的转换，不仅使比赛更加贴近自然，也增加了比赛的观赏性和趣味性。同时，道具害虫的更新换代，从橡胶溜须长条虫到毛绒绿色小虫的转变，不仅更加逼真地模拟了实际害虫的形态，也提高了比赛的难度和挑战性。评判标准的统一化更是推动了比赛的公平性和规范化。这种规则与形式的流变不仅使蚂蜴捉害虫运动更加适应现代社会的审美需求，也为其注入了新的活力和生命力。

在参与人群与影响力方面，蚂蜴捉害虫运动的流变性同样显著。最初，它只是壮族民间的一种节庆活动，参与人群相对有限。然而，随着时间的推移和社会的发展，蚂蜴捉害虫运动逐渐演变为广西少数民族传统体育比赛项目，吸引了越来越多的参与者。从2018年首次亮相广西壮族自治区少数民族传统体育运动会，到2023年受邀参加广西民族传统体育项目北京展演活动，蚂蜴捉害虫运动的影响力不断扩大，逐渐走向全国乃至国际舞台。这一过程中，不仅参与人群的数量激增，而且参与者的身份也越来越多元化，包括教练员、运动员及来自各行各业的爱好者。这种流变不仅推动了蚂蜴捉害虫运动的发展壮大，也提升了广西少数民族传统体育文化在全国乃至全球的认知度和影响力。

从文化内涵与象征意义的角度来看，蚂蜴捉害虫运动作为壮族文化的重要组成部分，其文化内涵和象征意义也随着时代的变迁而不断深化和拓展。一方面，它始终承载着壮族人民对自然的敬畏、对丰收的渴望及对美好生活的向往等传统文化内涵。这些内涵在蚂蜴捉害虫运动的发展过程中得到了传承和弘扬，成为连接过去与现在、传统与现代的桥梁。另一方面，随着社会的进步和民族间的文化交流日益频繁，蚂蜴捉害虫运动的文化内涵和象征意义也得到了新的解读和拓展。它不再局限于壮族地区或某一特定文化背景下，而是逐渐成为一种具有普遍意义和价值的文化符号。这种流变不仅丰富了蚂蜴捉害虫运动的文化内涵和象征意义，也为其在更广泛的领域和范围内传播和发展奠定了基础。

除了上述方面的流变性外，蚂蚂捉害虫运动在传承方式与发展策略上也展现出显著的流变特点。随着社会的快速发展和科技的进步，传统的口传身授、师徒传承等方式已经难以满足现代社会的需求。因此，蚂蚂捉害虫运动在传承方式上进行了创新和发展，如利用现代教育技术手段进行远程教学、编制统一的教学大纲和教材以规范教学内容等。这些新的传承方式不仅提高了传承效率和质量，也为更多人了解和学习蚂蚂捉害虫运动提供了便利和机会。同时，在发展策略上，蚂蚂捉害虫运动也积极寻求与现代社会相适应的发展路径和模式，如加强与其他体育项目的交流与合作、推动产业化发展以扩大市场影响力等。这些策略的实施不仅为蚂蚂捉害虫运动的发展注入了新的动力和活力，也为其在更广阔的舞台上展现魅力提供了可能。

第三章

蚂蜗捉害虫运动的功能与价值

在广西，壮、汉、瑶、苗、侗、仫佬、毛南、回、京、彝、水和仡佬族等 12 个世居民族和谐共生，每个民族都在社会生产生活中孕育出了自己独具特色的娱乐形式。其中，蚂蜗捉害虫运动就是一项深受广西各族人民热爱的民族传统体育特色项目。①

蚂蜗捉害虫运动源自河池的蚂蜗节，这个节日也被称为"蛙婆节"或"青蛙节"。② 它是广西西北部红水河流域一项流传久远的民族传统体育项目。在壮族祖先的信仰中，青蛙被视为能够"呼风唤雨"的神兽，人们祈求它能给壮乡带来吉祥、丰收和平安。这种信仰甚至在世界级非物质文化遗产——花山岩画景观中也有所体现，那里的古代酋长和巫师会假扮青蛙进行祭祀活动。③ 随着时间的推移，蚂蜗捉害虫运动的基本功能在社会发展中不断演变，最终形成了今天这样独具特色且稳定的民族传统体育特色文化。

体育文化与社会生活的发展是相辅相成的。在广西，民族传统体育文化的发展对乡村振兴起到了重要的推动作用。蚂蜗捉害虫运动作为其中的一员，不仅能够促进民族团结和经济发展，还能铸牢中华民族共同体意识，对推进广西

---

① 欧阳修俊，等. 广西世居民族村落教育研究[M].桂林：广西师范大学出版社，2022：262.

② 王艳琼，余正君，孙政，等.蚂蜗捉害虫运动的发展困境与对策分析[J].运动精品，2019，38(6)：58-61.

③ 黄亚琪.世界文化景观遗产：左江花山岩画的保护与思考[J].广西师范学院学报(哲学社会科学版)，2017，38(2)：101-105.

民族团结示范区的建设具有深远的意义。近年来，广西壮族自治区政府高度重视对民族传统体育文化的挖掘与保护，深入各地级市进行调研。2018 年，蚂蜴捉害虫运动更是被引入广西壮族自治区第十四届少数民族传统体育运动会①，一亮相就吸引了无数观众的目光，掀起了一股民族传统体育文化保护的新浪潮。

在少数民族传统体育文化的发展浪潮中，蚂蜴捉害虫运动在广西壮族自治区的发展受到了全国乃至世界的关注。如今，它已经成为广西少数民族传统体育竞赛项目之一，集娱乐、教育、观赏、健身等功能于一身，兼具历史、文化、精神、社会和谐以及科学等多方面的价值。因此，蚂蜴捉害虫运动深受广西人民群众的热爱和追捧，成为广西文化的一张独特名片。

第一节　蚂蜴捉害虫运动的功能

一、娱乐功能

蚂蜴捉害虫运动是广西地区独有的一项精彩民族传统体育，通常只在盛大的蚂蜴节、三月三等传统节日庆典上亮相。这项运动源于河池地区民众对青蛙的模仿，他们通过这种方式祈求农田的丰收，并逐渐将其演化成一种充满特色的民族传统体育文化。如今，这一项目不仅已成功进入广西壮族自治区少数民族传统体育运动会，还在全区范围内逐渐推广，收获了广泛的参与和赞誉。

蚂蜴捉害虫运动不仅是一项引人入胜的娱乐活动，它更是以愉悦身心为宗旨，强调参与者的全面发展和情感满足。人们不需要掌握复杂的技巧，便能以一种自娱自乐、消遣性十足的方式投入到这项运动中，享受游戏带来的轻松和快乐。在参与的过程中，人们不仅体验到了运动的乐趣，还收获了情感上的满足和愉悦。

蚂蜴捉害虫运动还为热爱自然的人们提供了一种特别的互动方式。当人们在户外参与这项运动时，不仅可以尽情领略大自然的美景，还能在观察和学习各种生物行为的过程中，培养对自然界的浓厚兴趣和环保意识。这种与自然和

---

① 王以照. 2018 年 10 月·广西崇左·广西壮族自治区第十四届少数民族传统体育运动会开幕式演出 [J]. 中国民族，2018(11)：98.

谐共处的体验，让人们更加珍惜和保护我们赖以生存的地球家园。

此外，蚂蚜捉害虫运动还是文化交流的重要载体。每到三月三或蚂蚜节等盛大节日，来自四面八方的参与者都会齐聚一堂，共同交流和分享这一具有鲜明民族特色的文化盛宴。① 在这一过程中，蚂蚜捉害虫运动逐渐演变成了当地年轻人热爱的民间传统体育文化。运动竞赛的举办，不仅为人们提供了相聚、交流的平台，还促进了各民族间的情感抒发和凝聚力的增强，为边疆社会的稳定和民族团结注入了新的活力。

在快节奏的现代社会中，年轻人的生活压力日益增大，锻炼时间被不断压缩。为了排解身心疲惫和不良情绪，他们纷纷选择参加蚂蚜捉害虫运动竞赛活动。在这里，他们可以暂时放下生活的重担，享受与大自然融为一体的快乐感觉，达到愉悦身心的目的。这种独特的运动形式，既是"快乐体育"②的一种生动体现，也是现代生活中缓解压力、调节情绪的有效途径。通过参与这项运动，人们不仅能够增进身心健康，还能以更加积极乐观的态度面对生活中的挑战和困难。

二、教育功能

蚂蚜捉害虫运动不仅是一项富有民俗特色的体育活动，更是一部深具教育价值的生动教材，其深厚的教育内涵在多个维度上得以充分展现。

第一，蚂蚜捉害虫运动是文化传承与民族认同的桥梁。它通过世代相传的技艺与仪式，承载了丰富的民族文化记忆，成为连接过去与未来的纽带。参与者在运动中体验民族传统，感受文化魅力，从而增强对民族身份和文化根源的认同感。这种认同感不仅有助于增强民族凝聚力，还为民族文化的传承与发展奠定了坚实的基础。③

第二，蚂蚜捉害虫运动在身体教育与健康促进方面发挥着不可替代的作用。其独特的动作技巧和全身性的运动方式，能够全面锻炼参与者的身体素

---

① 汤夺先，王雯雯.节日表达与文化共生：节日促进散杂居地区民族乡村民族交往交流交融研究[J].青海民族大学学报(社会科学版)，2024(1)：1-9.

② 邵天逸，李启迪.偏离与归正：快乐体育若干基本问题回溯性反思[J].成都体育学院学报，2023，49(6)：86-93.

③ 夏逍祥，张怡，赵排风.中国式现代化视域下人与自然和谐共生实现路径研究[J].黑龙江环境通报，2023，36(9)：119-121.

质,提升协调性、灵敏性和耐力等运动能力。同时,运动中的欢乐与挑战也有助于培养参与者的积极心态和坚韧品质,促进身心健康的全面发展。

第三,蚂蜎捉害虫运动还是培养团队协作与沟通能力的训练场。在运动中,参与者需要相互协作、密切配合,共同应对各种挑战。这种团队协作的过程不仅锻炼了参与者的组织协调能力,还提升了他们的沟通技巧和人际交往能力。这些技能的培养对个人的全面发展及社会的和谐进步都具有重要意义。

第四,蚂蜎捉害虫运动的竞技性也为参与者提供了展示自我、追求卓越的平台。在比赛中,参与者需要充分发挥个人技能,与队友共同争取胜利。这个竞技过程不仅激发了参与者的斗志和竞争意识,还培养了他们在压力下保持冷静、勇于挑战的精神。这种精神的培养对个人的成长及社会的进步都具有积极的推动作用。

第五,蚂蜎捉害虫运动还承载着环境教育与生态保护的重要使命。通过参与运动,人们能够更直观地了解自然环境和生态循环的重要性,从而树立起尊重自然、保护环境的意识。这种意识的培养不仅有助于推动生态文明建设,还为构建人与自然和谐共生的美好未来奠定坚实的基础。

综上所述,蚂蜎捉害虫运动作为一项民族传统体育项目,其教育功能全面而深入。它不仅有助于民族文化的传承与民族认同感的增强,还能促进身心健康、提升团队协作能力、培养竞争意识和毅力,并强化环境保护意识。[①] 这些功能相互交织、互为补充,共同展现了蚂蜎捉害虫运动在教育领域的独特魅力和重要价值。同时,我们也应该看到,蚂蜎捉害虫运动的教育功能还有很大的挖掘空间和发展潜力,需要我们不断探索和创新,为其注入新的时代内涵和活力。

三、观赏功能

蚂蜎捉害虫运动是一项深深扎根于我国农耕文化的传统民间体育运动。[②] 其独特魅力在于通过精妙地模仿青蛙的跳跃与捕捉动作,达到锻炼身体和净化心灵的双重效果。这项运动不仅承载着深厚的文化内涵,更以其卓越的观赏价值,吸引了公众的目光。

在蚂蜎捉害虫运动的比赛中,参与者身着鲜艳的传统服装,手持特制的捕

① 李沛莉.中华文化认同的重要价值与教育传承路径[J].大学,2023(36):35-38.
② 李成龙.中国朝鲜族民俗体育文化发展研究[D].延吉:延边大学,2018.

虫器具，以优美而灵动的舞姿展现着高超的技巧和非凡的身体掌控力。他们敏捷地追逐着快速移动的害虫，凭借敏锐的反应和精准的动作，在瞬息万变中捕捉目标。每一次成功的捕捉都如同一次精彩的表演，赢得观众的热烈欢呼和由衷喝彩。

蚂蚴捉害虫运动的玩法多样，包括竞技、表演等多种形式，每种形式都需要参与者严格遵循特定的规则。比如，在竞技时，参与者必须完全依靠模仿青蛙的动作来捕捉害虫，不得使用任何辅助工具。这不仅考验着参与者的身体协调性和反应速度，更是一场智慧和策略的较量。

这项运动在多个地区广泛开展，尤其在南方水乡地区更是深受喜爱。它不仅为传承丰富多彩的民族文化提供了重要载体，也为促进民俗活动的繁荣发展注入了新的活力。人们通过参与蚂蚴捉害虫活动，不仅锻炼了身体，还在欢声笑语中增进了了解与友谊。

值得一提的是，蚂蚴捉害虫运动在生态环境保护方面也发挥着不可忽视的作用。通过模仿青蛙的捕食行为，人们能够更加直观地理解生物链的重要性，进而减少对农田害虫的化学防治，有利于维护生态平衡。在当前生态环境面临严峻挑战的背景下，蚂蚴捉害虫运动的环保意义显得尤为突出。

观赏蚂蚴捉害虫运动同样是一种令人愉悦的体验。比赛中，运动员矫健的身姿、精湛的技巧以及团队间默契的配合都让观众为之惊叹。同时，活动的组织者和策划者也精心设置了一系列趣味横生的障碍和挑战，使得整个活动更加引人入胜。所有参与者都能在这场充满欢乐与挑战的盛宴中感受传统文化的独特魅力和体育运动的无限活力。

综上所述，蚂蚴捉害虫运动作为一项民族传统体育项目，不仅具有健身和教育功能，更以其卓越的观赏价值成为人们业余生活中的一道亮丽风景线。[①] 通过了解和体验这项运动，我们能够更加深刻地感受传统文化的魅力，也能为推动社会和谐发展贡献自己的一分力量。

---

① 迟青瑞.民族传统体育在全民健身活动中的作用价值研究[J].当代体育科技，2020，10（4）：201-202.

四、健身功能

蚂蚪捉害虫运动在全民健身事业和文化保护传承中占有举足轻重的地位。① 这项运动融合了速度与力量、挑战与协作，是一种深受人们喜爱的健身方式。参与者在进行蚂蚪捉害虫运动的过程中，不仅能够全面提升身体素质，还能在无形中锤炼意志，培养坚韧不拔的精神风貌。更值得一提的是，它强调团队协作的重要性，使得参与者在运动中也能深刻感受团队合作带来的乐趣和力量。

蚂蚪捉害虫运动的推广与普及对全民健身事业的推动意义重大。让更多的人了解和参与到这项运动中来，不仅可以丰富人们的业余生活，还能有效提升国民的整体健康水平。与此同时，结合现代科学成果对实践方案进行优化，能够使这项运动更加适应不同人群的需求，让每个人都能在运动中找到属于自己的乐趣和挑战。

蚂蚪捉害虫运动的核心训练能够显著提升参与者的身体素质。腰腹部肌肉的训练在这项运动中尤为重要。腰腹部肌肉不仅支撑着身体的各种动作，还在维持身体稳定性方面发挥着关键作用。通过蚂蚪捉害虫运动的训练，参与者的核心力量将得到极大的增强，使得他们在完成各种动作时都能游刃有余。

此外，这项运动对四肢力量的提升也非常显著。跳跃、奔跑、转身等动作要求参与者四肢协调发力，通过长期的训练，不仅可以增强腿部和臂部的肌肉力量，还能提高四肢的爆发力和耐力。这些能力的提升将使得参与者在日常生活和工作中更加轻松自如。

蚂蚪捉害虫运动对协调性和灵活性的提升也不容忽视。模仿青蛙跳跃的动作要求身体各部分紧密配合，保持平衡，这对提高身体的协调性和灵活性大有裨益。通过反复练习这些动作，参与者的身体将更加敏捷，应对各种复杂情况的能力也将得到提升。

值得一提的是，蚂蚪捉害虫运动还具有独特的捕捉动作，这要求参与者具备出色的手眼协调能力和精准度。通过不断的捕捉训练，参与者的手部灵活性将得到极大的提高，捕捉的精准度也将更加惊人。这种技能的提升不仅对运动

---

① 谭文星,许康明,黄菲莹,等.融水民族体育公园的现代演绎与发展路径研究[J].中国集体经济,2023(32)：127-130.

本身有着重要意义，还将对参与者的日常生活产生积极的影响。

最后，蚂蚜捉害虫运动对心肺功能的锻炼效果也不容小觑。跳跃、奔跑等高强度动作能够有效地促进血液循环，增强心肺功能。长期坚持这项运动，不仅可以提升心血管健康水平，还能有效降低患各种慢性疾病的风险。

综上所述，蚂蚜捉害虫运动不仅是一项极具民族特色的传统体育运动，更是一项全面提升身心健康的健身活动。它的推广与普及将为全民健身事业的发展注入新的活力，让更多的人在运动中收获健康与快乐。

五、竞技功能

蚂蚜捉害虫运动这一深植于广西壮族自治区的传统体育项目，不仅仅是一项竞技活动，更是一种文化的传承与展现。它融合了壮族人民的智慧与勇气，以及他们与大自然和谐共生的深邃理念。

在蚂蚜捉害虫运动的竞技场上，运动员需通过精湛细腻的技术动作，完美再现青蛙捕食的生动场景。这些动作，如蛙跳式前进、手脚协调的落地，都要求运动员拥有卓越的身体协调性、爆发力和柔韧性。这不仅仅是对身体素质的考验，更是对技术精度和艺术美感的追求。因此，蚂蚜捉害虫不仅仅是一项体育比赛，更是一次技术与艺术的融合展示。

而在这场竞技的背后，严谨的竞赛规则和公正的评判标准起着举足轻重的作用。它们确保比赛的公平与公正，为每一位运动员提供一个平等竞争的平台。无论是距离、时间限制，还是对动作细节的要求，都体现规则对比赛的精准把控。而评判标准则通过对动作的准确性、流畅性和创新性的全面评估，为比赛结果提供客观、公正的依据。

蚂蚜捉害虫运动中的竞争与对抗，更是激发了运动员的竞技激情和战略智慧。为了能在比赛中脱颖而出，运动员不仅需要磨炼自己的技艺，更需要灵活运用各种战术策略。他们会根据不断变化的比赛形势，实时调整自己的战术布局，力求在关键时刻能够抓住机遇，一举制胜。这种在竞争中不断求新求变的精神，正是蚂蚜捉害虫运动的魅力所在。

此外，这场竞技也为运动员提供了一个宝贵的交流与学习机会。在比赛中，他们可以近距离观察其他选手的技术动作和战术布局，从中汲取灵感和经验。而在比赛之余，他们还可以与其他运动员进行深入的交流和探讨，分享彼此的心得和体会。这种互动与学习的氛围，不仅丰富了运动员的竞技体验，也为整个项目的持续发展注入了新的活力。

综上所述，蚂蚂捉害虫运动作为广西壮族自治区的传统体育项目，以其独特的竞技形式、深厚的文化内涵和广泛的群众基础，成为展现壮族人民智慧、勇气和与自然和谐共处理念的重要载体。在这场融合了技术与艺术、竞争与合作的竞技活动中，我们不仅能够感受运动的魅力，更能够领略壮族文化的独特韵味。

第二节　蚂蚂捉害虫运动的价值

一、历史价值

蚂蚂捉害虫运动具有深厚的历史文化底蕴，其起源可追溯至壮族古老而神秘的节庆——蚂蚂节。[①] 在这个充满欢乐与竞技的日子里，壮族人民会举行形式多样的体育活动，其中蚂蚂捉害虫运动以其别具一格的比赛形式和寓意深刻的文化内涵，成为节日里一道独特的风景线。

蚂蚂捉害虫运动不仅是一项竞技运动，更承载了丰富的民族传统文化和历史记忆。参与者通过模仿青蛙的灵动动作和捕食技巧，将自身融入自然，感受大自然的韵律与和谐。在这一过程中，人们不仅能够锻炼身体、提升身体素质，更能够深刻体验和感悟民族文化的博大精深，从而增强对本民族文化的认同感和自豪感。这种文化的传承与发扬，对维护民族文化的多样性和完整性具有不可替代的重要作用。

此外，蚂蚂捉害虫运动作为一种集体性的体育活动，架起了不同地区、不同民族之间文化交流与互动的桥梁。在运动过程中，参与者需要相互配合、团结协作，共同完成比赛任务。这种跨文化的交流与碰撞，有助于打破地域隔阂、增进民族间的了解与友谊，进而促进民族团结与社会和谐稳定。

同时，蚂蚂捉害虫运动的产生与发展离不开生态环境的滋养。通过模仿青蛙捕食害虫的行为，参与者实际上在践行着生态保护的理念，呼吁人们尊重自然、顺应自然、保护自然。这种与自然环境和谐共生的运动形式，提醒我们在

---

① 韩玉姬, 宋秀平. 社会互动理论视域下民族传统体育文化传承研究[C]//中国体育科学学会. 第十三届全国体育科学大会论文摘要集——专题报告(武术与民族传统体育分会). [出版者不详], 2023: 3.

追求现代化的同时，不忘关注生态平衡与环境保护，为实现可持续发展贡献力量。

值得一提的是，蚂蚏捉害虫运动还是乡土文化的重要载体。它起源于乡村地区，承载着乡民们对土地和家园的深厚情感。通过参与这项运动，人们能够更加深入地了解和认同自己的乡土文化，增强对家乡的归属感和自豪感。① 这种乡土情感的凝聚与传承，对推动乡村文化的振兴和发展具有重要意义。

综上所述，民族传统体育蚂蚏捉害虫运动的历史价值不仅体现在传承和弘扬民族文化、促进社会交流互动等方面，更在于其深刻的生态保护意识、强健身体的实际效果及对乡土文化的传承。通过不断地挖掘和创新这一运动形式，我们能够在新时代背景下赋予其更加丰富的意义和价值，为推动民族文化的繁荣发展贡献力量。

二、文化价值

蚂蚏捉害虫运动不仅仅是一项对速度、爆发力和协调性要求极高的竞技活动，更承载了深厚的文化底蕴和历史内涵。这项运动源自壮族历史悠久的蚂蚏节，它生动反映了壮族先民对青蛙的虔诚崇拜。② 在壮族先民的心目中，青蛙被尊崇为天庭降临的天女，是丰收、吉祥、太平与昌盛的美好象征。青蛙的形象在壮族艺术中随处可见，无论是绘画、雕塑、文身艺术，还是精美的绣织、欢快的舞蹈、动听的民谣以及富有哲理的神话传说，都留下了青蛙的印记。

蚂蚏捉害虫运动超越了体育本身的范畴，它首先是一种深刻体现民族文化精髓的现象。在蚂蚏节中，祭祀仪式、民间传说、音乐舞蹈等元素交织融合，共同构建了人们对自然、祖先和神灵敬畏与崇拜的情感纽带。参与蚂蚏捉害虫运动的人们，仿佛穿越时空，亲身感受民族文化的魅力，并在这一过程中强化了对本民族的归属感和自豪感。

同时，蚂蚏捉害虫运动作为一种民间传统习俗的生动实践，经过历史的沉淀，积累了丰富的文化内涵。它不仅承载着民间信仰、道德伦理和审美情趣，更是人们对人与自然、人与社会、人与自我关系深刻体悟的结晶。投身其中，人们不仅能够强健体魄，更能够领略文化的博大精深，开阔个人的文化视野，

---

① 马垠.乡村振兴背景下农村体育经济发展困境及路径探究[J].投资与创业，2023，34(20)：22-24.

② 蒙涓.非遗活化——广西集中连片特困地区乡村营造实践[J].广西城镇建设，2018(8)：44-58.

提升内在的文化素养。

蚂蚁捉害虫运动也是乡村社区和民间组织举办的重要文化活动。它不仅是技艺的较量，更是情感的交流，强化了乡村社区的凝聚力，增进了人与人之间的友谊与理解。在这一平台上，乡村社区和民间组织的文化传承与发展得到有力的推动，为新时代的文化建设注入了新的活力。①

综上所述，蚂蚁捉害虫运动的文化价值不可估量。它不仅传承了民族文化，弘扬了民间传统习俗，拓宽了人们的文化视野，更培养了团队精神和社会责任感。在新时代的背景下，我们有责任也有信心将这一宝贵的文化遗产发扬光大，赋予其新的时代内涵，让它在新时代的征程中绽放更加绚丽的光彩。

三、精神价值

蚂蚁捉害虫运动是一项蕴含丰富民族文化内涵的民族传统体育项目，其独特的观赏和参与方式，不仅使参与者能够通过身体运动和竞技比赛的形式体验文化魅力，更能在仪式展演中深入领略其文化内涵。这一运动有助于提升人们的文化心理体验，激发对传统生活方式的记忆，唤醒对民族传统体育文化的内在精神价值的认识，进而带来深层次的愉悦感，促进形成稳定的情感认同和心理皈依。② 这项运动不仅为人们打开了一扇了解和体验民族文化的窗口，更成为培育团队精神、磨砺意志品质、锻炼社交能力的重要平台。在参与的过程中，人们不仅可以享受运动的乐趣，更能实现身心的和谐统一与全面提升。

第一，蚂蚁捉害虫运动所蕴含的勇往直前的精神，激励着每一个参与者勇敢地面对挑战，克服重重困难。在训练和比赛中，参与者需要不断突破心理和生理的极限，以坚韧不拔的毅力追求更高的成就。这种精神不仅有助于锤炼参与者的意志力和毅力，更能激发他们内心深处不畏艰难、敢于拼搏的勇者精神。

第二，蚂蚁捉害虫运动作为一项集体运动，强调团队成员之间的相互配合与协同作战。在运动过程中，参与者需要学会倾听、理解并信任队友，共同为达成运动目标而努力。这种团结协作的精神不仅有助于培养参与者的集体荣誉

① 李慧.生态智慧视角下民族旅游村寨环境治理路径研究[D].贵阳：贵州民族大学，2023.
② 白晋湘，郑健，朱鹏.新时代新征程民族传统体育构筑中华民族共有精神家园的时代价值及推进路径[J].体育科学，2023，43（2）：23-32.

感和团队精神，更能让他们深刻体会团结的力量和协作的价值，从而更好地融入集体，增强团队的凝聚力和战斗力。

第三，蚂蚴捉害虫运动与生态环境息息相关，它传递着人类与自然和谐共生的理念。通过模仿青蛙的捕食行为，参与者不仅亲身体验了生态保护的过程，更在潜移默化中树立起绿色、环保的生活理念。这项运动提醒我们，要尊重自然、顺应自然、保护自然，以实际行动促进生态平衡和可持续发展。

第四，蚂蚴捉害虫运动在传承与创新中不断发展壮大。这项运动既承载了民族传统文化的深厚底蕴，又不断吸收新的元素和理念，焕发出新的生机与活力。通过传承与发展蚂蚴捉害虫运动，我们不仅能够更好地保护和传承民族文化遗产，更能赋予其新的时代内涵和价值，让其在新的历史条件下焕发出更加绚丽的光彩。[1]

综上所述，蚂蚴捉害虫运动的精神价值体现在勇往直前、团结协作、尊重自然、传承与创新等多个方面。参与者参与这项运动不仅能够锻炼身体、增强体质，更能在精神层面上得到全面的提升和成长。让我们在蚂蚴捉害虫运动的实践中，不断追求身心的和谐统一与全面发展，共同书写出更加精彩的人生篇章。

四、社会和谐价值

蚂蚴捉害虫运动不仅是一项富有竞技性的体育活动，更蕴含着巨大的社会和谐价值。它像一根纽带，紧密地连接着个体与社会，为社会的团结稳定源源不断地注入正能量。

第一，蚂蚴捉害虫运动在增强民族认同感和凝聚力方面发挥着不可替代的作用。[2]作为民族传统体育的瑰宝，它具有深厚的文化底蕴和鲜明的民族特色。当人们齐聚一堂、共同参与这项运动时，不仅体验到了运动的乐趣，更在无形中加深了对本民族传统文化的了解和认同。这种民族自豪感和归属感的提升，如同强大的黏合剂，将社会各界人士紧紧团结在一起，共同为社会的和谐稳定贡献力量。

---

[1] 黄家周.文化建设视域下民族地区马克思主义大众化的路径研究——以广西为例[D].成都：西南交通大学，2015.

[2] 耿赵勇.规律体育锻炼的大学生锻炼影响因素的质性研究[D].临汾：山西师范大学，2021.

第二，这项运动也是培育公平竞争精神和团队合作精神的沃土。在蚂蚁捉害虫运动的竞技场上，每个人都必须遵守规则，凭借实力和智慧去争取胜利。这种环境有助于培养人们的诚信意识、责任感以及正确的竞争观念。同时，运动中的团队协作也是不可或缺的。参与者需要相互信任、密切配合，才能战胜对手、达成目标。这种团队合作精神的培育，无疑对社会的和谐发展起到了积极的推动作用。

第三，蚂蚁捉害虫运动还具有调节情绪、缓解压力的独特功能。在快节奏的现代生活中，人们常常感到压力巨大、情绪紧张。而参与这项富有民俗特色的运动，人们能在欢声笑语中释放压力、忘却烦恼。运动的娱乐性和趣味性使人们在参与过程中感到身心的愉悦和放松，从而提高了心理健康水平，减少了心理问题的发生。

第四，蚂蚁捉害虫运动还是传承文化价值观的重要载体。通过参与这项运动，人们可以深入了解并传承本民族的传统文化，使文化的多样性和延续性得以保持。这种文化传承不仅增强了人们的文化自信心和自豪感，更为社会文化的和谐发展奠定了坚实的基础。

第五，值得一提的是，蚂蚁捉害虫运动为社区交流与互动提供了绝佳的平台。在这项运动的带动下，社区居民们纷纷走出家门，参与到活动中来。他们在运动中结识朋友、交流心得、分享快乐，从而增进了彼此的了解和友谊。这种社区交流与互动不仅增强了社区的凝聚力和归属感，更为社区的和谐发展注入了新的活力。

综上所述，蚂蚁捉害虫运动的社会和谐价值体现在多个方面，包括增强民族认同感和凝聚力、培养公平竞争和团队合作精神、调节情绪和缓解压力、传承文化价值观及增进社区交流与互动等。[①] 通过参与这项运动，人们不仅锻炼了身体，更在心灵上得到了滋养和成长。让我们携手共进，将这项传统体育运动发扬光大，为社会的和谐稳定和发展贡献更多的力量！

五、科学价值

蚂蚁捉害虫运动在体育科学领域具有深远的科学价值，其独特的运动形式

---

① 陈旸，肖静波.论新公共管理思想在社区体育建设中的创新[J].山西师大体育学院学报，2009，24(3)：18-20.

不仅为参与者的全面发展提供了有力支持，也为相关学科的研究注入了新的活力，丰富了实践基础。①

第一，从生物力学的角度来看，蚂蚁捉害虫运动中的跳跃、奔跑、抓取等核心动作都与生物力学知识紧密关联，如力的传导、动量守恒等。参与者在运动中需要灵活应用这些知识，通过实践和深化理解，在动态中寻求身体的协调与动作的精准。这种理论与实践的结合，不仅提升了参与者的运动技能，也促进了生物力学知识在体育实践中的应用与发展。

第二，蚂蚁捉害虫运动对参与者的身体素质提出了全面要求。力量、速度、耐力、柔韧性以及协调性等身体素质的全面发展，在这项运动中得到了充分体现。长期参与蚂蚁捉害虫运动，能够使参与者的身体机能得到全面提升，为参与其他体育项目奠定坚实的基础，也为参与者身体素质的全面发展提供了新的途径。

第三，蚂蚁捉害虫运动还涉及心理学的实践与应用。在运动中，参与者需要集中注意力，保持自信，有效管理恐惧和焦虑等情绪。这些心理活动的调控与心理学原理息息相关，如注意力的分配与集中、自我调节机制等。通过参与蚂蚁捉害虫运动，参与者不仅能够锻炼身体，更能在实践中培养坚韧的心理素质，提升情绪管理能力，为应对生活中的各种挑战提供心理支持。

第四，蚂蚁捉害虫运动的社会学价值也不容忽视。作为一项集体运动，它强调参与者之间的相互配合与协同合作。在运动过程中，人们学会了团结协作、公平竞争以及尊重规则等社会行为准则，这些准则的践行不仅促进了运动的公平与和谐，更在无形中强化了社会的凝聚力，推动了社会的和谐稳定。

第五，蚂蚁捉害虫运动作为民族传统体育项目，承载着丰富的民俗文化内涵。通过参与运动，人们不仅能够体验运动的乐趣，更能深入了解和传承本民族的传统文化。这种文化的传承不仅增强了人们的民族认同感，也为保护文化多样性、推动社会文化的和谐发展贡献了力量。

综上所述，蚂蚁捉害虫运动在体育科学领域展现出了独特的科学价值。它不仅促进了参与者的身心健康发展，也为相关学科的研究提供了宝贵的实践资源。这项运动还作为一种文化和教育的有力载体，在传承民族文化、促进社会和谐方面发挥着不可替代的作用。

---

① 李萍.民族体育活动的旅游价值分析[J].中华武术(研究)，2020(3)：121-123.

第四章
蚂蚁捉害虫运动技术特征解析

第一节　运动技术概念的界定、构成和基本特征

一、运动技术的概念

无论是谁，只要投身于体育项目活动之中，都不可避免地需要根据该项目的独特性去完成一系列特定的动作。这些动作的学习与掌握，构成了运动技术的核心。深入理解运动技术的概念及其基本特征，对我们更好地把握体育运动项目发展的一般规律和特殊规律至关重要。它不仅能够帮助参与者在竞技场上取得优异的成绩，还能够促进参与者对运动项目本身有更深刻的理解和掌握。

正确的概念认识并非凭空产生，而是源于人们的实践活动，并在实践中不断得到验证和发展。毛泽东曾深刻指出：通过实践而发现真理，又通过实践而证实真理和发展真理……实践、认识、再实践、再认识，这种形式，循环往复以至无穷，而实践和认识之每一循环的内容，都比较地进到了高一级的程度。这一哲学原理同样适用于我们对运动技术的认识过程。

同时，恩格斯也强调："我们只能在我们时代的条件下进行认识，而且这些条件达到什么程度，我们便认识到什么程度。"①这说明，运动技术作为一种特

---

① 中共中央马克思恩格斯列宁斯大林著作编译局.马克思恩格斯文集(第一卷)[M].北京：人民出版社,2009：146.

殊的实践活动，其概念和内涵也会随着时代的发展和人们生活背景的变化而不断被赋予新的意义。

关于运动技术的含义，不同版本的教材对其定义也有所不同，但都强调了其发挥人体机能潜力和合理有效完成动作的方法性。例如，1989年出版的体育学院通用教材《体育概论》将运动技术定义为"能充分发挥人体机能潜力的、合理有效的完成动作的方法"①，而1995年出版的高等学校教材《体育概论》则将其表述为"能充分发挥人体机能能力合理有效地完成动作的方法"②。这些定义都突出了运动技术在提高人体机能和完成动作效率方面的重要作用。

2000年出版的《体育科学词典》对运动技术和运动技能进行了明确的界定。运动技术被视为完成特定体育活动的方法③，它也是一种能充分发挥人体能力、合理有效地完成动作的技巧。然而，将运动技术仅仅界定为一种方法是不全面的，这未能揭示体育运动项目的本质属性。实际上，当人们从事某项体育活动时，他们首先学习的是该项目的运动技术，而在这个学习过程中，他们又表现出对运动技能不同的掌握程度：从初步掌握到改进提高，再到巩固与熟练掌握。这一过程实际上也是新知识的学习过程，只不过这种知识是缄默知识，即那种我们知道但难以用言语表达的知识，也是我们常说的"只可意会不可言传"的知识。

缄默知识的概念最初由英国学者迈克尔·波兰尼在其著作《个体知识》中提出。波兰尼明确指出，人类知识不仅包括可以用书面文字、地图或数学公式来表达的显性知识，还包括那些无法系统表述的缄默知识。④ 例如，我们对自己行为的某种理解就属于后者。波兰尼的缄默知识理论在认识论领域引起了巨大的反响，被誉为"第三次哥白尼式革命"。他进一步提出了一个重要的认识论命题："我们所认识的多于我们所能告诉的。"这意味着，人们通过认识获得的知识既包含可以明确表达的显性知识，也包含难以言传的缄默知识。这两类知识在人类知识中占据同等重要的地位。

从这个角度来看，运动技术应该被纳入缄默知识的范畴，其知识属性归属于缄默性。只有将运动技术的获得视为一种知识学习的过程，将学习运动技术

---

① 体育理论教材小组.体育概论[M].北京：人民体育出版社，1989：193.

② 体育概论教材编写组.体育概论[M].北京：高等教育出版社，1995：102.

③ 中国体育科学学会香港体育学院.体育科学词典[M].北京：高等教育出版社，2000：40.

④ POLANYI M. The study of man[M]. London：Routledge & Kegan Paul，1957：1.

的过程看作一种知识传承和习得的过程，我们才能提升体育课程的知识性和学科性，从而引起民众对体育的重视。因此，笔者认为运动技术不仅仅是一种完成体育项目的技巧或方法，更是一种无法用言语表达的缄默知识。缄默知识理论为我们将运动技术纳入认知体系提供了有力的依据，对提升体育课程的认知性和学科地位具有重大的意义。这不仅有助于我们更深入地理解体育运动的本质和价值，还能推动体育教育的发展和创新。

二、运动技术的构成

(一) 动作要素详解

动作要素是构成运动技术的基本组成部分，它们共同协作，形成了丰富多样的运动形式。这些要素包括身体姿势、动作轨迹、动作时间、动作速度、动作速率、动作力量和动作节奏等，每一个要素都对运动的效果和效率产生着深远的影响。

1. 身体姿势

身体姿势是指在动作过程中，身体或身体各部分所处的状态以及身体各部位在空间中的相对位置关系。它可以分为开始姿势、动作进行过程中的姿势和结束姿势。正确的身体姿势有助于保持平衡、提高动作的稳定性和效率，也能降低运动损伤的风险。

2. 动作轨迹

动作轨迹是指在做动作时，身体或身体某部分移动的路线。这包括轨迹的形状 (如直线、曲线、弧线等)、轨迹的方向 (如前、后、左、右、上、下六个基本方向，以及各种旋转与环绕等) 和轨迹的幅度 (如长度、角度)。了解并掌握正确的动作轨迹，对提高运动技能、优化运动表现具有重要意义。

3. 动作时间

动作时间是指完成一个动作所需要的时间，包括完成动作的总时间和完成各部分的操作时间。掌握合理的动作时间，有助于提高动作的连贯性和节奏感，也能更好地适应不同的运动场景和需求。

4. 动作速度

动作速度是指在单位时间内身体或身体某部分移动的距离，包括平均速度、瞬时速度、初速度、末速度、角速度和加速度等。动作速度的大小直接影响到运动的效果和效率，因此，在训练中需要注重提高动作速度的训练。

5. 动作速率

动作速率是指在单位时间内同一动作重复的次数，它反映了动作的频率和节奏。在某些需要快速重复动作的运动项目中，提高动作速率是非常重要的。

6. 动作力量

动作力量是指在完成动作时，身体或身体某部分克服阻力所用力的大小。它是人体内力和外力相互作用的结果，对提高运动成绩、增强身体素质具有重要意义。在训练中，需要注重力量训练的合理性和科学性，避免过度训练导致的运动损伤。

7. 动作节奏

动作节奏是指在完成动作过程中的时间特征，包括用力的大小、时间间隔的长短、动作幅度的大小以及动作的快慢等要素。良好的动作节奏能够使运动更加流畅、自然，也能提高运动的表现力和观赏性。

(二) 技术结构分析

技术结构是运动技术的重要组成部分，它包括动作基本结构和技术组合两个层面。

1. 动作基本结构

动作基本结构是由动作基本环节和环节之间的顺序构成的，也可以称为技术的微观结构。每一个技术动作的基本结构都包括若干个基本环节，这些基本环节按照特定的、一般不能改变的顺序形成动作基本结构。因此，动作基本结构可以看作是由"技术链"组成的，动作基本环节是"技术链"上的各个点，"顺序"则是连接这些点的连线。在训练中，可以通过改善动作基本环节和环节间的顺序来优化技术结构，提高运动技能水平。[1]

2. 技术组合

技术组合是由若干独立的技术动作连接组成的集合。这些技术动作可以是相同的，也可以是不同的，但它们必须按照一定的顺序和节奏进行组合，才能形成完整的技术结构。例如，乒乓球运动员的"左推右攻"、艺术体操运动员的"难度性组合"与"表现性组合"等。技术组合的训练有助于提高运动员的综合

---

[1] 田麦久，刘大庆. 运动训练学 [M]. 北京：人民体育出版社，2012.

素质和适应能力，使他们能够在比赛中更加灵活地运用各种技术动作来应对不同的情况和满足不同的需求。

三、运动技术的基本特征

首先，运动技术与体育动作之间存在着一种深刻的不可分割性，这也是运动技术与其他技术领域的显著区别。实际上，运动技术并不是孤立存在的抽象概念，它只能通过运动员精确而有力的身体动作来具体呈现。因此，在长期的实践中，人们常常将运动技术称为"技术动作"或"动作技术"，以强调其与体育动作的紧密关联。正因如此，人们在长期的体育实践中，习惯于将运动技术亲切地称作"技术动作"或"动作技术"，以此来强调其动作性和实践性。

其次，运动技术不断发展进步的必然性，也是其内在的一个重要特征。在任何一个给定的时间点，我们对运动技术规范的理解和要求都只能是一种相对的、暂时的合理。这是因为，随着运动员身心素质的不断提升，以及运动器械和设备的持续改进与创新，运动技术本身也必须不断适应这些变化，从而处于一种持续的、动态的发展过程之中。

再次，运动技术还表现出相对稳定与即时应变的统一性。一方面，运动技术应具备相对稳定的动作结构，这是保证技术动作能够准确、有效地完成的基础。在比赛中，运动员应力求保持这种稳定的动作结构，以确保技术的发挥和比赛的胜利。这是因为，在激烈的比赛环境中，运动员需要依靠经过长期训练形成的稳定动作结构来保持技术动作的连贯性和准确性。另一方面，随着比赛环境和对手的变化，有效的运动技术也应能够随之调整和改进。这种应变能力是运动员在比赛中取得优势的关键。比赛环境和对手的变化常常是不可预测的，这就要求运动员的运动技术能够随时调整，以适应这些突如其来的变化。

最后，我们还必须注意到运动技术的个体差异性。尽管所有正确的运动技术都应该建立在科学原理的基础上，具有普遍认可的规范性和动作规格。但是，由于每个运动员在身体形态、运动素质以及个人风格等方面都存在着独特的个体差异，因此，在实际应用中，最合理的技术动作往往会因人而异，带有鲜明的个人烙印。这种个体差异性不仅丰富了运动技术的内涵，也为运动员的个性化发展提供了广阔的空间。这种个体差异性是运动技术多样性和创新性的重要来源。

第二节　蚂蜴捉害虫运动特点分析

蚂蜴捉害虫，这一独特的民族传统体育项目，起源于广西东兰深厚的蚂蜴节传统。壮族人民亲切地将青蛙称作"蚂蜴"，因此这个节日也被称为"蛙婆节"或"青蛙节"。传说中，掌管风雨的神灵并非龙王，而是一位蚂蜴女神。在红水河沿岸的壮乡村寨，人们通过虔诚地祭祀蚂蜴，祈求来年风调雨顺、五谷丰收、人畜兴旺。每逢新春佳节，壮乡的村民们便自发地聚集在蚂蜴亭周围，举行盛大而热烈的蚂蜴歌会，欢庆这个重要的传统节日。

蚂蜴节的活动形式灵活多样，既可以由单个村寨独立举办，也可以由多个村寨联合筹办，共同分享节日的喜悦。节日的主要过程包括：正月初一寻找蚂蜴的踪迹，以此开启整个节日的序幕；到了正月十五日，便是祭蚂蜴的重要环节，村民们以各种方式表达对蚂蜴的崇敬和感激之情；随后是葬蚂蜴的仪式，尽管各地葬蚂蜴的日期和规模不尽相同，但都充满了庄重和神秘的气氛；葬蚂蜴仪式结束后，便是欢快的蚂蜴歌会，男女老少欢聚一堂，对唱关于天文、地理、风俗人情、生产劳动的歌曲，其中以调侃和唱情歌为主，歌声此起彼伏，直至天明，在歌声中，人们相约下次聚会的时间和地点，满怀期待地结束这次盛会。

与蚂蜴节紧密相关的蚂蜴舞，是一种富有特色的祭祀舞蹈。舞者们身着盛装，模仿农耕生活和青蛙的动作，翩翩起舞。随着社会的发展和变迁，蚂蜴舞已经被逐渐从祭祀图腾的仪式中解放出来，转变为一种群众性的自我娱乐活动，成为壮族人民文化生活的重要组成部分。

蚂蜴节作为壮族传统文化的重要展示会和民族大聚会，是广西壮族人民最为隆重的节日之一。在这个特殊的时刻，当地的民众能够亲身体验蚂蜴文化的独特魅力，感受民族传统文化的深厚底蕴。这一节日不仅蕴含着丰富的历史信息和深厚的民族文化象征意义，更是壮族人民对自然和生活的独特理解和表达。

鉴于蚂蜴节的重要文化价值，2006年5月，壮族蚂蜴节被列入第一批国家级非物质文化遗产名录，引起了众多民族传统体育工作者的关注和重视。为了更好地传承和保护这一优秀传统文化，广西政府与广大的民族体育工作者们不断努力探索和创新。在2018年的广西壮族自治区第十四届少数民族传统体育运动会上，壮族蚂蜴节以一个崭新的形式——蚂蜴捉害虫运动首次亮相，成为少数民族传统体育竞技项目的一员。这一创新举措不仅丰富了少数民族传统体育运动会的内容和形式，也为蚂蜗文化的传承和发展注入了新的活力和动力。

青蛙作为壮族人民的崇拜物和标志性的文化具象，在全球范围内都享有广泛的崇敬和关注。尤其是在对农业种植和雨水极其依赖的地区，青蛙更是被视为重要的神灵和象征。在探索蚂蜗捉害虫运动的项目特点之前，我们先来了解一下青蛙这种神奇的生物。蛙是人们对所有蛙类物种的一种统称，而青蛙则是蛙类中的一种重要代表，属于两栖纲、无尾目动物。① 由于我国气候和雨水分布的不均衡性，南方的蛙类种类明显多于北方。这些可爱的生物大多生活在溪流、湖泊、沼泽、水渠等水源丰富的环境中，少部分则栖息在大山之中。在长江中下游地区广袤的稻田里，我们可以找到许多青蛙的踪迹。这些稻田作为主要的耕地和种植场所，在种植期间常保有水源，为青蛙提供了理想的繁殖、生长和活动环境。②

加利福尼亚大学伯克利分校两栖动物网的 2018 年的统计数据显示，目前全球范围内已知的两栖蛙类约有 1224 种。而在我国境内，常栖息在农田周围的蛙类就有 20 多种，主要包括泽蛙、黑斑侧褶蛙、林蛙、金线侧褶蛙等。这些青蛙在维护生态平衡和农业生产中发挥着重要的作用。在众多的场所中，稻田是蛙类最重要的栖息地之一，也是蚂蜗捉害虫运动得以开展的重要场所和背景。③

众所周知，青蛙在自然界中扮演着举足轻重的角色，尤其是其作为稻田有害生物防治的得力助手，它们能够高效地捕食田间害虫，从而显著降低农药的使用量，为农业生产提供天然的保障。④ 青蛙的生活习性十分独特，它们大多在夜幕降临后才开始活跃，以昆虫为主要食物来源，同时也会捕食田螺、蜗牛、小虾和小鱼等小型生物。值得一提的是，这些昆虫中绝大部分都是对农业有害的。据估算，一只青蛙每天能够捕食约 70 只害虫，其一年消灭的害虫数量可达到惊人的 15000 只。因此，青蛙无疑是一种对农业有着巨大贡献的益虫，我们应当大力提倡和保护它们的生存环境。

---

① 赵宇中.贵州几种臭蛙分类、系统发育以及环境因子对其分布影响的研究[D].贵阳：贵州师范大学，2007.

② 周开亚.两栖爬行动物的分子系统发生[J].动物学研究，2001，22（5）：397-405.

③ 尤民生，刘雨芳，侯有明.农田生物多样性与害虫综合治理[J].生态学报，2004，24（1）：117-122.

④ HUANG S W, WANG L, LIU L M, et al. Nonchemical pest control in China rice：A review[J]. A gronomy for Sustainable Development，2014，34（2）：275-291

那么，青蛙是如何精准地捕食那些迅速移动的猎物的呢？据相关文献记载，青蛙通常会选择一个安全且僻静的地方静候猎物的到来。它们会保持蹲伏不动的姿势，当猎物靠近时，便以迅雷不及掩耳之势弹起有力的后腿，同时前肢迅速抬起猛扑过去。在这个过程中，青蛙会翻卷并伸出长长的舌头来捕获并吞食猎物。需要特别注意的是，青蛙的眼睛对静止的物体并不敏感，它们只能看到移动或飞翔的昆虫。有实验证明，当将一只青蛙放入装满死昆虫的玻璃瓶中时，它竟然无法捉到任何一只昆虫，因为那些昆虫已经失去了移动的能力。①

而由壮族蚂蚜节演化而来的少数民族传统体育项目——蚂蚜捉害虫运动，便深受青蛙捕食特性的启发。这个项目不仅承袭了青蛙捕食的速度与力量，更将人类的协调性与技巧融入其中。首先，运动员需要具备极快的反应速度和移动速度，以便能够迅速捕捉到"害虫"；其次，他们的上、下肢必须拥有足够的力量，特别是在后腿蹬地和上肢着地缓冲时，需要爆发出强大的力量以支撑身体的腾空和落地；最后，协调性也是这个项目不可或缺的元素。在跳跃、着地缓冲以及捕捉"害虫"的过程中，运动员需要保持身体的平衡与稳定，否则就会出现东倒西歪的情况。总的来说，蚂蚜捉害虫运动的技术特点可以概括为：要求运动员具备高度的协调性、爆发力和速度，还需要在脚尖瞬间发力、身体核心力量、手臂缓冲力、腰腹伸缩性等方面有着出色的表现。此外，这个项目还对运动员的动作优美度和神态可塑性提出了较高的要求，使得比赛更具观赏性和艺术性。

第三节　蚂蚜捉害虫运动动作技术解析

蚂蚜捉害虫运动这一全新的少数民族传统体育项目在 2018 年广西壮族自治区第十四届少数民族传统体育运动会上首次亮相，各高校教师以及各组织都对这个项目感到陌生，于是积极展开探索。他们渴望了解这个项目的具体技术动作，以及如何生动地展现出青蛙捕食的形象和神态。

尽管笔者自 2008 年起就一直致力于广西少数民族传统体育以及民族民间体育项目的研究，但对蚂蚜捉害虫这一项目，笔者最初也是一无所知的。直到

① 大朋.青蛙的捕食特征［J］.阅读，2017（Z6）：1.

接到南宁市民族宗教委员会的正式委任，要求笔者担任南宁市蚂蜗捉害虫代表队的主教练，笔者立刻全身心地投入到对这个项目的研究中。为了更深入地理解蚂蜗捉害虫运动的内涵，笔者曾长时间仔细观察池塘边青蛙捕食昆虫的场景，并通过各种途径查阅相关资料，以期在掌握其文化内涵的基础之上，对技术动作进行创编。

经过反复推敲和试验，笔者终于创编出一套蚂蜗捉害虫运动的动作技术。在广西壮族自治区第十四届少数民族传统体育运动会蚂蜗捉害虫运动比赛当天，与其他代表队相比，笔者创编的这套动作技术难度最大，但却是最生动、最形象、最能体现蚂蜗捉害虫运动文化内涵的。这套动作技术的影响力也是最大的，受到了各媒体的采访及报道，成为运动会上最引人关注的热点之一。

值得一提的是，由于蚂蜗捉害虫运动在 2018 年广西壮族自治区第十四届少数民族体育运动会上的巨大影响力，到了 2023 年广西壮族自治区第十五届少数民族传统体育运动会时，蚂蜗捉害虫动作技术已经以笔者创编的动作技术为准了。更令人欣喜的是，笔者还担任了这个项目的裁判长，负责执裁工作。

下面，笔者将详细阐释在广西壮族自治区第十四届少数民族传统体育运动会上所创编的技术动作。为了便于大家学习和理解，本节将蚂蜗捉害虫的技术动作分为三个步骤进行介绍：准备姿势、起跳腾空飘行、手臂缓冲落地。希望通过这样的阐述，能够帮助大家更好地掌握这一独特的少数民族传统体育项目。

一、准备姿势

准备姿势，也被称为实战姿势或预备姿势，是在进行下一步动作之前所采取的一种身体姿态，其重要性不言而喻。为了确保在后续的动作中能够迅速、准确地做出反应，必须要做好准备姿势。现在，让我们来详细解析蚂蜗捉害虫运动准备姿势的具体动作技术要领。

首先，全身要处于放松状态，这是为了避免因为肌肉紧张而影响接下来的动作执行。接着，四肢须呈趴伏状，与地面平行，这样能够使身体更稳定，并为后续的快速移动打下基础。同时，头部应微微上抬，双眼平视前方，这不仅有助于观察周围环境，还能保持颈部的自然舒展(图 4-1)。

在四肢趴伏的基础上，双手、前臂、双膝和双脚要与地面接触且保持受力均衡。这一点至关重要，因为只有当身体各部分都均匀受力时，才能确保准备姿势的稳定性。双脚脚尖应朝外摆放，这样可以增加身体的稳定性，并有助于在必要时快速转向。

此外，向上弓腰、含胸收腹也是准备姿势中不可或缺的一部分。这些动作有助于减少身体的受风面积，从而减小被攻击的风险。两手应撑开放于两膝内侧，这样既能保护膝部，又能确保在需要时迅速做出反应。

总的来说，蚂蜥捉害虫准备姿势是一种全身性、综合性的动作姿态。通过正确的练习并掌握其要领，不仅能够提高身体的协调性和反应速度，还能为后续的动作执行奠定坚实的基础。因此，在实际应用中，我们必须严格按照这些要领来执行准备姿势，以确保其能够发挥最大的效用。

图 4-1　蚂蜥捉害虫准备姿势

二、起跳腾空飘行

起跳是人体在运动中获取水平速度、积聚初始动能的关键环节。在腾空阶段，人体处于无支撑状态，仅依靠起跳时产生的惯性力来维持运动。根据动量守恒定律，此时人体的总动量保持不变。为了保持身体的平衡与稳定，并使伸长的身体在空中展现出优美的姿态，身体应尽可能保持平动状态。

然而，身体的无支撑状态意味着任何一个力的发出都将伴随产生反作用力，这可能导致身体屈曲。为了缩小脚着地时的重力矩并减弱转动惯量，根据力学原理，身体需要积极下压。这种下压动作不仅有助于维持身体平衡，还能为后续的着地动作做好准备。

在蚂蚁捉害虫这项运动中，起跳腾空飘行动作的技术要领至关重要。首先，起跳时要抬头、眼睛目视前方，以确保身体的平衡与稳定。同时，腹部核心肌肉要收紧，为发力提供坚实的支撑。在发力时，两臂应从身体两侧由后向前上方充分摆动，以带动上半身的充分伸展；同时，身体重心应由上肢逐渐转移到下肢，由大腿往小腿和脚尖方向瞬间发力起跳。这个过程中，要控制好身体的核心力量，确保四肢的协调配合。双脚大脚趾瞬间蹬地发力是起跳的关键环节之一，它能为腾空提供足够的动力。在腾空阶段，四肢应充分伸展与臀部呈鱼跃式腾空飘行前进的姿态，这样不仅能使身体在空中保持平衡与稳定，还能展现优美的动作线条。通过掌握这些技术要领并在实践中不断练习，运动员就可以逐渐提高起跳腾空飘行动作的质量和效果，为比赛或表演增添更多的亮点和观赏性[①]。

图 4-2　蚂蚁捉害虫起跳腾空飘行动作

---

① 由于无法连贯地用图片呈现整个过程，因此上述描述可能无法完全对应图 4-2 中的动作细节，建议在实际操作时结合图片进行理解和练习。

三、手臂缓冲落地

当身体在空中完成腾空、准备重新接触地面时，降低身体重心变得至关重要。为了实现平稳着地，上肢、后肘关节、膝盖以及下肢需要依次进行缓冲。首先，上肢开始动作，紧接着后肘关节弯曲，为接触地面做好准备。同时，膝盖也进行弯曲，以配合下肢的缓冲动作。在着地的过程中，肘关节逐渐弯曲，缓慢地接触地面，这样可以有效地分散冲击力。

与此同时，身体需要保持含胸收腹的姿势，这有助于维持身体的平衡和稳定。当着地时，双腿弯曲并落到双手的外侧，这样可以更好地吸收地面的反作用力。完成这一系列动作后，身体应迅速恢复到蚂蚁捉害虫运动的准备姿势，为接下来的起跳腾空飘行做好充分的准备(图4-3)。

在整个过程中，每个动作都需要精确而流畅地完成，以确保身体的平稳着地和起跳。通过降低重心、依次缓冲着地以及保持正确的身体姿势，可以有效地减少受伤的风险，并提高运动表现力。

图4-3　蚂蚁捉害虫手臂缓冲落地动作

四、蚂蜥捉害虫运动技术动作易犯错误

(一)起跳动作发力点不准确

运动员在起跳时,常常错误地使用整个脚掌进行发力,而实际上,起跳的关键发力点应集中在大脚趾上。为了纠正这一错误,运动员应在熟练掌握蚂蜥捉害虫运动的准备姿势后,多次尝试仅用大脚趾尖进行发力起跳。通过这种方式,可以增强大脚趾的后蹬效果,增加后蹬力量,并提高后蹬速度。运动员需要不断尝试,直到能够准确掌握大脚趾尖后蹬的时间和角度,确保发力点的准确性。

(二)腾空高度不足或无法跳起

起跳动作的难点在于如何在瞬间协调脚趾的发力并保持身体的稳定性。为了解决这一问题,运动员需要多次体验身体重心从上肢转移到下肢的过程,并学会在瞬间通过大腿向小腿和脚尖方向发力起跳。在练习过程中,可以先专注于下肢发力技术的训练,然后逐渐加入上肢挥臂的动作,最后将两者结合起来完成一个完整的起跳动作。

(三)起跳后准备着地时,手臂无法缓冲

由于手臂力量不足,运动员在着地时可能会出现身体前趴或头部撞击地面的情况。为了解决这一问题,运动员首先需要进行分解动作的练习,以加强对手臂力量的训练。特别需要注意的是,蚂蜥捉害虫运动是一项以力量为主的项目,对手臂力量的要求较高。因此,可以利用俯卧撑、平板支撑、仰卧头上弯举等训练方法,或者借助运动器械进行引体向上、站立或坐着平举哑铃等练习,以加强上肢力量。同时,在蚂蜥捉害虫运动的三个技术动作中,第二个起跳腾空飘行步骤是最难以控制和把握的。当完成一个完整的动作后,身体会产生一个向前的冲力,这时需要利用这种冲力进行下一个动作的连接,就像弹簧一样不断向前弹跳。然而,这个连接环节也是最危险的,对手臂的力量、下肢、大脚趾尖发力起跳的技术以及身体的协调性都有较高的要求。为了克服这些难点,运动员需要多次充分体验原地双脚趾蹬地发力起跳腾空的技术,直到掌握将身体重心向前腾空到一定高度的技巧为止。

　　蚂蜴捉害虫运动作为广西独具特色的少数民族传统体育项目之一，起源于壮族人民对青蛙的自然崇拜和蚂蜴节的演化。该项目以青蛙捕食的方式为基础结构，通过模仿青蛙形态来表现壮族人民的勤劳、善良、与自然和谐共处的理念和对生命延续的渴望。目前，这个项目仍处于初期探索阶段，其动作技术有待进一步完善与推广。为了实现蚂蜴捉害虫运动的生存与发展并使其成为大众喜爱的体育娱乐活动，活态传承与推广显得尤为重要。正如格雷本教授所言：评判一个地区的文化活动是否真实以及为谁而真实，既不由外来者决定也不由旅游者或某些权威人士决定，而是那些文化传统的继承者如何看待自己的文化。① 因此要利用政府政策以及校园教育等多管齐下，争取早日将这个项目推广出去，使其成为广西少数民族传统体育的又一特色。同时，我们也需要鼓励当地人积极参与并保护这一传统文化活动，以确保其能够真正地传承下去。

---

① 曾萍，张晓萍.旅游经济开发与无形文化保护刍议[J].经济问题探索，2007(9)：87-91.

第五章
蚂蜥捉害虫运动的训练

蚂蜥捉害虫运动作为一种深受人们喜爱的模拟青蛙跳跃前进的运动项目，不仅要求运动员惟妙惟肖地模仿青蛙的姿势——四肢着地，更要求他们在赛道上以极快的速度跳跃前进。在比赛的终点处，运动员须敏捷地用手拿起象征"害虫"的道具，紧接着用嘴稳稳地叼住并迅速折返。这项运动对运动员的速度、爆发力和协调性提出了极高的要求，也是对他们核心力量和四肢力量的一次全面挑战。

值得一提的是，在2018年广西壮族自治区第十四届少数民族传统体育运动会上，蚂蜥捉害虫运动首次亮相便引起了轰动。各大电视台纷纷对其进行采访报道，报纸上也刊登了相关的精彩瞬间和赛事评论。这套独特而富有创意的动作技术，无疑成为那届运动会上最为人们津津乐道的热点话题之一。

到了2022年广西壮族自治区第十五届少数民族传统体育运动会，蚂蜥捉害虫运动的技术标准更是以笔者创编的动作技术为准绳。笔者有幸担任了这一项目的裁判长，全程见证了运动员们在这个舞台上的精彩表现。

本章将深入探讨蚂蜥捉害虫运动的训练计划制订、训练原则、技术训练、身体训练以及心理技能训练等五个核心方面，旨在全面揭示这项运动在现代体育教育和社会发展中的重要价值和深远意义。同时，我们还将对蚂蜥捉害虫运动的传承与创新问题进行深入研究，以期为这项运动的持续发展提供新的思路和切实可行的建议。

展望未来，我们有理由相信，蚂蜥捉害虫运动将在更广泛的领域得到推广和普及，其独特的魅力和深厚的文化底蕴将吸引更多的人参与其中。同时，随着运动技术的不断创新和完善，蚂蜥捉害虫运动也将在未来的体育竞技舞台上绽放出更加夺目的光彩。

第一节　蚂蚁捉害虫运动的训练计划制订

针对蚂蚁捉害虫运动所制订的训练计划，不仅至关重要，而且极富前瞻性，这主要体现在以下几个层面。

首先，通过确立清晰的训练目标，并将这些目标细化为短期与长期内可达成的小目标，我们确保了训练内容与周期的连贯性与合理性。这种目标导向的训练方法有助于运动员在明确的方向指引下，稳步提升自己的竞技水平。

其次，训练计划充分考虑了每位运动员的个性化需求。我们根据每位运动员的特点和潜能，制订了系统、有计划且针对性强的训练方案。这样的方案能够全面而深入地提升运动员的身体素质、技术掌握及竞技能力，为他们在未来取得更好成绩、参与更高级别赛事打下坚实的基础。

再次，训练计划的制订还有助于合理分配运动负荷，从而有效预防运动伤害的发生。当运动员不慎受伤时，我们也能够根据训练计划为他们提供科学的康复性训练，帮助他们更快地恢复健康，重返赛场。

最后，蚂蚁捉害虫运动作为一项新兴的少数民族传统体育项目，其自身的发展与创新是一个持续的过程。随着相关科学研究的不断深入，新的训练理论与方法不断涌现。因此，我们的训练计划紧密结合这些创新的训练方法，将科学研究的最新成果应用于实际训练中，以期达到最佳的训练效果，助力运动员取得更加优异的成绩。

一、制订训练计划的必要性与认知要点

(一)制订训练计划的必要性

在事物的复杂性和不确定性交织的发展过程中，我们深知，任何工作的成功开展都离不开前期的精心部署和规划。训练工作更是如此，制订训练计划就是在训练工作开始之前，对运动训练的全过程进行预先的部署和理论设想。这种设想虽然在实践中可能会受到各种因素的干扰而产生变化，但也正因如此，我们更需要在计划中留出余地，准确预判可能出现的变化，并制订相应的应对措施。只有这样，我们才能确保运动员在竞赛中能够发挥出最佳水平，创造优异的成绩。

(二)制订训练计划的依据与原则

蚂蚁捉害虫运动作为一项新兴的少数民族传统体育项目,其训练计划的制订必须遵循该项目的运动特点和运动训练的客观规律。我们既要考虑实现训练目标的需要,又必须充分考虑主、客观训练条件的实际情况。具体来说,制订训练计划需要依据以下原则:

(1)训练计划的目标与要求应具体、细化,并具有针对性。这样才能确保训练工作的有效开展和目标的实现。

(2)训练的内容、方法和手段应符合该项目的发展要求和运动员的实际情况。这需要我们深入了解项目的特点和运动员的个体差异,制订切实可行的训练方案。

(3)运动负荷的安排应科学合理。这要求训练既要保证训练效果,又要避免运动员过度疲劳和受伤。

(4)训练工作应有常规量化标准。这可以帮助我们评估和监测训练的效果和进展,及时发现问题并进行调整。

(5)计划要有余地,准确做出预判,并设计相应的应对措施。这样才能应对可能出现的各种变化和挑战,确保训练工作的顺利进行。①

(三)训练计划的基本要素

虽然不同类型、不同阶段的训练计划各有特定的目标与要求,在计划内容上也各有侧重。但是,运动训练过程的基本结构是一致的,对不同训练过程的组织设计也有基本的共同之处。这反映在训练计划的内容方面,主要包括以下十个基本要素:

(1)对运动员初始状态的诊断。了解运动员的初始状态,包括体能、技能、心理等方面的情况,为制订后续训练计划提供依据。

(2)确定训练的任务及指标。明确训练的目标和任务,以及需要达到的具体指标,为训练工作指明方向。

(3)划分训练阶段并确定阶段训练任务。将整个训练过程划分为若干个阶段,并明确每个阶段的训练任务和目标,确保训练工作的有序进行。

(4)确定实现目标的基本对策。针对训练过程中可能出现的问题和挑战,

---

① 周海澜. 有的放矢——对制订运动训练计划必要性的思考[J].青少年体育,2016(2):38-39.

制订相应的对策和措施,确保训练目标的实现。

(5)安排比赛序列。根据训练计划和比赛日程,合理安排比赛序列,使运动员能够在比赛中发挥出最佳水平。

(6)规划训练负荷的动态变化趋势。根据运动员的实际情况和训练阶段的特点,规划训练负荷的动态变化趋势,确保运动负荷的安排科学合理。

(7)选择训练方法和手段。根据项目的特点和运动员的实际情况,选择适合的训练方法和手段,提高训练效果。

(8)确定训练手段的负荷要求。针对每种训练手段,明确其负荷要求,确保运动员能够按照要求进行训练。

(9)制订训练恢复措施。在训练过程中,注重运动员的恢复和放松,制订相应的恢复措施,避免运动员过度疲劳和受伤。

(10)制订检查评定训练效果的时间和标准。定期对训练效果进行评估和监测,及时发现问题并进行调整。

(四)运动训练计划的四个组成部分

根据训练计划的十项基本要素在运动训练过程中的重要性,我们可以将其细分为四个核心组成部分:准备性部分[包括(1)和(2)]、指导性部分[涵盖(3)、(4)、(5)和(6)]、实施性部分[涉及(7)、(8)和(9)]及控制性部分[特指(10)]。

在制订长期(如多年或年度)的训练计划时,由于时间跨度较长且变化因素众多,我们应特别关注指导性部分,以实现科学的宏观控制。相对而言,在规划具体的周、课计划时,我们应更加详尽地规划训练的实施性部分,尤其要着重于训练方法的筛选与训练负荷的精细调控,从而确保对训练过程的实际把握。

(1)准备性部分。训练计划的准备性部分主要涵盖对运动员起始状态的诊断和训练目标的设定。这两个环节为训练计划的制订提供了必要的指导信息和规划依据。起始状态的诊断主要从训练负荷、竞技能力和运动成绩三个维度对运动训练过程进行全面评估。这不仅有助于确立一个客观、准确的训练起点,还为有效控制运动训练过程提供了基本保障。同时,各个阶段的训练目标从运动成绩、竞技能力和训练负荷三个方面出发,为运动训练计划的具体制订提供了明确的方向。这些目标不仅为训练活动指明了发展方向,还能有效激发运动员和教练员的责任感和进取精神,促进训练资源的合理配置,从而提高训练效果。

（2）指导性部分。在训练计划的总体规划中，指导性部分扮演着对训练活动进行全局性决策的关键角色。首先，它需要根据年度重大比赛的日程安排来合理划分训练阶段，并确定每个阶段的具体训练任务。在此基础上，指导性部分还需要根据年度训练目标和任务来合理安排比赛的序列，力求实现训练与比赛的紧密结合。此外，根据不同阶段的训练任务和比赛安排的特点，指导性部分还需要规划训练负荷的动态变化趋势，从而确保整个训练活动的连贯性和一致性。

（3）实施性部分。实施性部分主要关注训练的具体手段以及各种手段负荷强度的大小。它涉及训练活动的多个具体组织要素，包括训练内容的安排、训练方法的选择、训练负荷的分配等。在制订计划的实施性部分时，需要充分考虑运动项目的竞技特性和运动员的个人发展特点，以确保训练活动的针对性和有效性。

（4）控制性部分。近年来，运动训练的控制问题越来越受到教练员的高度重视。要对运动训练过程实施有效的控制，必须通过有计划的检查和客观的诊断来全面、及时、准确地收集运动训练过程的有关信息。因此，许多优秀的教练员都将计划和组织训练过程中的检查评定作为训练计划的重要组成部分。这不仅体现了现代运动训练对控制训练过程的重视，也为教练员提供了更加科学、系统的训练控制手段。[①]

二、大周期训练计划基本模式

蚂蚓捉害虫运动是一项极富地方特色的传统体育项目，它融合了独特的运动特点和竞技规则，不仅要求运动员拥有出色的体能，还要求他们掌握精湛的技术。为了提升运动员在这项运动中的竞技表现，训练计划的制订显得尤为重要。在制订训练计划之初，我们必须深入钻研蚂蚓捉害虫运动的各项规则，精确掌握其技巧，充分了解其战术要求。只有当我们对这项运动的内在特性有了深刻的理解和熟悉，才能确保所制订的训练计划更加贴近实际，更具针对性和实效性。通过这样的训练，运动员将能够更好地适应蚂蚓捉害虫运动的独特要求，进而在比赛中发挥出自己的最佳水平。历时半年的训练大周期中各时期阶段的训练学特征如表 5-1 所示。

---

①　田麦久.运动训练学［M］.北京：高等教育出版社，2017：4.

表 5-1　历时半年的训练大周期中各时期阶段的训练学特征

时期	准备期		比赛期		恢复期
阶段	一般准备	专门准备	赛前训练	集中比赛	
时间	3 个月		2~2.5 个月		0.5~1 个月
	1.5~2 个月	1~1.5 个月			
任务	增进健康，发展素质，学习或改进基本技术，学习掌握新技术，增强意志品质		发展专业素质，熟练完善完整技术，提高战术技巧，发展稳定的竞技状态、创造好成绩		积极恢复，消除生理和心理疲劳。总结经验，制订新计划
	提高一般训练水平，改进技术环节，提高个人战术能力	提高专项技术水平，逐步过渡到完整技术，改进多人或全队战术	发展专项素质，发展竞技状态，参加热身比赛	保持最高竞技状态，参加重要比赛，创造优异成绩	
比赛	没有或少	少	中	多	无
负荷　量	中	最大或大	中	中或小	小或中
负荷　强度	小	小或中	中或大	大或最大	最小
方法　发展素质	以持续法、间歇法为主	以间歇法、重复法为主	以重复法、间歇法为主	以比赛法、重复法为主	以游戏法、持续法、变换法为主
方法　改进技术	以分解法为主	分解法、完整法	以完整法为主	以完整法为主	—
手段	以多种多样的一般练习为主，辅助少量专项练习	以专项身体练习为主，练习手段相对集中	以与专项形式相近的练习为主，仍保持一定专项的身体练习	比赛，一般性积极恢复练习	改变环境及练习形式，增加一般身体练习比重
恢复	注意负荷节奏，采用各种积极的与自然的恢复措施		注意负荷节奏，采用各种积极的与自然的恢复措施		减少负荷，变换负荷的形式、组合与运动地点
检查评定	负荷及机体适应情况		负荷及机体适应情况技术、战术水平		心理及生理恢复情况

（引自田麦久.论运动训练过程［M］.四川：四川教育出版社，1988.）

第二节　蚂蚜捉害虫运动的训练原则

蚂蚜捉害虫运动是一项融合速度、爆发力与协调性的体育项目，其训练不仅致力于提升专项技术水平，更着眼于塑造运动员全面而均衡的运动能力。以下将详细阐述蚂蚜捉害虫运动的五大训练原则，以期为运动员和教练员提供有益的参考。

一、基础技能训练原则

在蚂蚜捉害虫运动中，基础技能是构建高超技术的基石。训练初期，必须着重打磨运动员的基础技能，包括正确的姿势、动作轨迹和力量控制等。通过反复练习和细致纠正，运动员形成稳固的技术基础，为后续的技术提升奠定坚实的基础。

二、渐进训练法原则

蚂蚜捉害虫运动的训练应遵循渐进性原则，即由易到难、由已知到未知、由低强度到高强度逐步推进。教练员应根据运动员的实际情况，制订科学合理的训练计划，确保运动员在逐步挑战自我的过程中实现技术的稳步提升。同时，训练强度的增加也应遵循渐进性原则，以避免运动员因过度训练而受伤。

三、实战模拟训练原则

蚂蚜捉害虫运动对实战技巧的要求极高，因此实战模拟训练在提升运动员竞技水平方面具有重要意义。教练员应创设贴近实际比赛的训练场景，引导运动员在模拟实战中锤炼技巧、磨砺意志。此外，积极参加各类比赛和活动也是积累实战经验、检验训练成果的有效途径。

四、重复训练原则

重复训练是巩固和提升技术水平的必要手段。在蚂蚜捉害虫运动中，通过大量的重复练习，运动员可以加深对动作技巧的理解和掌握，形成稳定的肌肉记忆和条件反射。同时，重复训练还有助于运动员在细节上不断完善自己的技术，追求更好的运动表现。

五、个性化训练原则

每个运动员都是独一无二的个体，具有不同的身体条件、技术特点和学习方式。因此，在蚂蚁捉害虫运动的训练中，教练员应充分尊重运动员的个体差异，制订个性化的训练计划。通过针对性的指导和训练，运动员充分发挥自身潜力，实现个人技术的最大化发展。这种个性化的训练方法不仅有助于提高运动员的竞技水平，还能增强他们的自信心和训练积极性。

第三节　蚂蚁捉害虫运动的技术训练

蚂蚁捉害虫运动的完整技术，涵盖了准备姿势、起跳腾空飘行以及手臂缓冲落地这三个不可或缺的步骤。这三个部分在蚂蚁捉害虫运动中所起的作用虽然各有侧重，但它们却是一个相互关联、相互依赖的统一整体。准备姿势为起跳提供了稳定的基础，起跳腾空飘行则是技术的核心，而手臂缓冲落地则保证了动作的平稳结束和运动员的安全。

在蚂蚁捉害虫运动的技术训练中，教练员应根据运动员的实际情况，巧妙地安排训练内容，从多个方面创设出具有针对性的有效训练方法。这样的训练方法不仅能够提高运动员的技术水平，还能够确保他们在比赛中发挥出最佳状态。

蚂蚁捉害虫运动的技术训练的常规方法主要包括：对准备姿势的细致调整，以确保运动员在起跳前能够保持最佳的身体姿态；对起跳腾空飘行动作的反复练习，以强化运动员的空中感觉和技术动作的准确性；对手臂缓冲落地技巧的深入讲解和示范，以帮助运动员掌握正确的落地方法，减少受伤的风险。通过这些常规方法的系统训练，运动员可以逐步掌握蚂蚁捉害虫运动的完整技术，并在比赛中展现出自己的实力。

一、大脚趾的后蹬发力练习

（一）脚趾强化练习

为了增强脚趾的力量和灵活性，运动员可以使用专门的脚趾握力器进行有针对性的练习。在操作时，将脚趾向下弯曲并用力向上施加力量，与握力器产生对抗。保持这个姿势几秒，感受脚趾肌肉的紧绷和力量的积聚，然后逐渐放松，让脚趾回到自然状态。随着训练的深入，可以逐渐增加握力器的阻力或重量，以进一步提升脚趾的承受能力和力量输出。

此外，在日常行走或进行踩踏动作时，也可以有意识地加强大脚趾的后蹬发力。通过赤足行走，让脚趾直接接触地面，能更清晰地感受到地面的反馈和脚趾的用力情况。在每一步的行走中，都要特意去感受大脚趾的蹬地动作，并逐渐加大蹬地的力度，以此来强化脚趾的力量和稳定性。

(二) 快速短距离爆发力练习

为提升脚趾在快速运动中的爆发力，运动员可以进行一系列短距离爆发力练习。首先，两脚平行站立，保持身体放松，目视前方。然后，迅速用力向后踢腿，同时专注于大脚趾的发力，尽量使后蹬动作快速而有力。这种练习可以模拟冲刺时的脚部动作，帮助运动员在实际运动中更好地发挥脚趾的力量。

例如，可以进行 10 米冲刺练习，每次冲刺都专注于脚趾的蹬地动作，力求在最短的时间达到最快的速度。另外，一组 10~20 次的快速后蹬动作也是很好的训练方法，可以让运动员在短时间内多次重复发力，提升脚趾的耐力和爆发力。

(三) 强化核心肌群

核心肌群的稳定性和力量对于提升脚趾的后蹬发力至关重要。因此，运动员需要加强核心肌群的训练，以提高身体的整体稳定性和力量输出。平板支撑、仰卧抬腿、桥式练习等都是非常有效的核心肌群训练方法。

通过平板支撑，运动员可以锻炼到腹部、背部和肩部的肌肉群，提升身体的整体稳定性。仰卧抬腿则主要针对腹部肌肉进行训练，有助于增强腹部的力量和控制能力。桥式练习则可以锻炼到臀部和大腿的肌肉群，提升下肢的稳定性和力量输出。这些训练不仅可以增强核心肌群的力量和稳定性，还可以为脚趾提供更好的支撑和发力基础。

二、后蹬力量和速度练习

(一) 高强度的力量训练

通过负重训练、蹲跳以及腿部推动等一系列高强度的力量练习，运动员能够有效地强化下半身的核心肌肉群。这些训练不仅针对臀部，还能深入锻炼大腿和小腿肌肉，从而显著提升后蹬时的力量输出。

(二)爆发力训练

为进一步增强肌肉的爆发力和快速反应能力，运动员可以进行冲刺、跳跃练习以及梯形训练等多样化的爆发力训练。这些训练方式不仅有助于提高后蹬的初始速度，还能让运动员在比赛中更快地找到最佳状态。

(三)短跑训练

短跑训练，特别是冲刺和加速度练习，对于加快后蹬速度和提高爆发力至关重要。通过这些训练，运动员可以学会如何在短时间内迅速达到最大速度，并在比赛中保持这种速度优势。

(四)技术练习

除身体素质的训练外，专注于后蹬技巧和动作的练习同样重要。例如，从深蹲体位迅速向上推起的练习，能够帮助运动员更好地掌握后蹬时的身体平衡和力量分配。通过反复练习这些技术动作，运动员可以在比赛中更加自如地运用后蹬技巧，从而提升整体表现。

三、腰部练习

(一)腰背伸展

腰背伸展是一种有效的锻炼方式，有助于增强腰部的灵活性和柔韧性。无论是站立还是坐下，都可以尝试将双手交叉放在胸前，然后慢慢向后弯曲身体，感受腰部肌肉的伸展和放松。保持这个姿势约 30 秒，然后缓慢放松身体，多次重复练习，效果更佳。

(二)侧弯练习

侧弯练习可以进一步锻炼腰部肌肉。站立时，将双手置于脑后，身体保持直立，然后缓慢向一侧弯曲腰部，感受侧腰肌肉的拉伸。保持这个姿势 15～30 秒，然后缓慢回到起始位置，再向另一侧进行弯曲。多次重复练习，可以使腰部更加灵活有力。

(三)桥式练习

桥式练习是一种经典的腹部和臀部锻炼方法,同时有助于增强腰部的稳定性。仰卧于地面上,双腿弯曲,双脚踩在地面上,然后用臀部和腹肌的力量提起臀部,使身体呈现桥形状。保持这个姿势几秒钟,感受腹部和臀部肌肉的紧绷感,然后缓慢放下臀部。多次重复练习,可以让腹部和臀部更加紧实有力,同时能够增强腰部的支撑力。

(四)反向飞鸟

反向飞鸟是一种有趣的四肢支撑练习,可以锻炼核心肌群和平衡能力。以四肢支撑的姿势开始,保持身体平衡,然后将右手伸直向前,同时抬起左腿向后伸直,感受身体两侧的拉伸感。保持平衡数秒钟,然后缓慢回到起始位置,再进行相反的动作。多次重复练习,可以让核心肌群更加稳定有力,同时能够提高平衡感和协调性。注意在练习过程中要保持呼吸顺畅,不要憋气。

四、起跳腾空飘行练习

(一)下肢发力技术练习

为了更有效地锻炼下肢发力技巧,运动员可以尝试站在一个稳定的垫子上,微微弯曲膝盖以保持稳定,同时集中注意力于下肢的力量传递。在练习过程中,逐渐将身体重心从上肢转移到下肢,感受力量从大腿流畅地传递到小腿,最终汇聚于脚尖的细微变化。随着训练的深入,可以逐渐增加发力的强度和速度,更深入地体会脚趾瞬间爆发力的精髓。

(二)静态摆臂练习

在平稳站立的基础上,将双臂自然垂放于身体两侧,保持身体平衡且腰背挺直。然后,用力向后摆动双臂,感受背部和核心肌群的紧绷感,同时将双臂充分伸展至身体后方。接着,利用背部和核心的力量,迅速将双臂向前摆起,上体充分伸展,感受重心由上肢向下肢的顺畅转移。反复练习这个动作可以使摆臂动作更加流畅自然,为后续的跳跃动作打下坚实基础。

(三)榆木腿练习

躺在宽敞舒适的地板上，深深吸一口气，然后缓缓将双腿并拢抬起，直至与地面成90°并伸直。此时，双臂应自然垂放于身体两侧，帮助感受身体的平衡与稳定。从锁骨至脚踝形成一条完美的直线，确保身体保持紧绷状态。接着，将手臂缓缓向上伸展，感受肌肉的舒展与放松，同时充分活动上半身，为接下来的动作做好准备。然后，突然发力，借助腰腹的力量，迅速从平躺的姿势中挺起身体，同时双臂顺势摆起，保持自然伸直状态，直至身体完全坐起。这一动作不仅能锻炼腰腹力量，还能提升身体的协调性与敏捷性。

(四)完整起跳动作练习

从专业的准备姿势开始，调整呼吸，感受身体的每一个细微动作。逐渐发力，将身体的重心从上肢平稳地转移到下肢，感受力量的传递与积蓄。在助跑过程中，保持身体的稳定性至关重要，运动员需要时刻调整自己的平衡感，确保每一次起跳都能达到最佳状态。同时，将上肢的挥臂与下肢的发力完美协调起来，形成一个和谐统一的动作流程。着地后，保持平稳并迅速调整身体姿态，为下一次起跳做好充分的准备。记住，每一次起跳都是对身体的挑战与提升，只有不断练习才能臻于完美。

(五)鱼跃式体操练习

站在柔软的体操垫子上，调整好心态和呼吸。然后，用脚尖轻轻推离地面，借助大脚趾的发力将臀部抬高并向前飞跃起来。在空中时，尽情地伸展四肢，感受身体的轻盈与自由。同时，保持颈部和躯干的伸直状态，让每一个动作都达到最佳的美学效果。在着地时，要小心谨慎地控制身体的平衡与稳定，保持平稳的姿势并迅速调整好自己的状态。[①]

---

① 张涵劲.体操[M].北京：高等教育出版社，2015：3.

五、手臂缓存落地练习

(一) 分解动作练习

为更好地掌握起跳动作中的手臂技巧，可以采取分解动作练习的方法。首先，以站立或跪姿为起始姿势，确保身体平衡，将双臂自然垂放在身体两侧。接下来，专注于模拟起跳动作中的手臂部分。从蹲下的姿势开始，逐渐积蓄力量，然后用手臂的力量将身体抬起，并尽可能地向上伸展。在此过程中，要仔细感受手臂肌肉的发力，并确保在达到最高点时，身体姿势保持稳定，不前倾也不下塌。通过反复练习这个动作，运动员可以逐渐增加手臂发力的力度和速度，从而有效加强手臂力量和提升稳定性。

(二) 加强手臂力量的训练

要提高手臂力量，运动员可以进行一系列针对性的训练。俯卧撑是一种非常有效的锻炼手臂和核心肌群的方法，可以根据个人能力调整难度。此外，使用哑铃进行弯举或推举练习，也能有效增强手臂肌肉。对于更高难度的挑战，引体向上是一个不错的选择。同时，运动员还可以借助弹力带或辅助器械来进行辅助练习，帮助更好地锻炼手臂力量。

(三) 落地推起练习

在体操垫子上进行落地推起练习，可以有效提升着地时的缓冲能力和上肢力量。首先，以屈膝的姿势用力跳起，同时在空中将双臂伸直向下，为着地做好准备。在着地瞬间，要迅速降低重心，以减轻冲击力。然后，迅速弯曲肘关节，并用手臂和上肢的力量将身体推起。通过反复练习这个动作，运动员可以逐渐提高着地时的稳定性和上肢力量。

(四) 波比跳练习

波比跳是一种全身性的有氧运动，对于提升爆发力和协调性非常有帮助。在练习时，首先以站立姿势开始，屈膝并用力跳起。在空中时，迅速将双臂伸直向下，为着地做好准备。在着地后，要立即利用上肢的力量将身体推起，同时将手臂弯曲以减轻冲击力。通过反复进行波比跳练习，运动员可以有效提高身体的协调性和上肢力量。

第四节 蚂蚁捉害虫运动的身体训练

蚂蚁捉害虫运动是一项综合性极强的体育项目，它不仅要求运动员具备出色的速度、爆发力和协调性，还对核心力量和四肢力量提出了严峻的挑战。因此，对于参与此项目的运动员而言，拥有过硬的身体素质是取得优异成绩的必要条件。在日常的训练过程中，运动员必须进行全面且系统的身体素质训练，以确保在比赛中发挥出最佳水平。

一、力量素质训练

（一）力量素质的概念

力量素质，作为人体神经肌肉系统在工作时克服或对抗阻力的能力[1]，在各项体育竞技中都发挥着至关重要的作用。特别是在蚂蚁捉害虫这一运动比赛中，力量素质更是占据着举足轻重的地位。运动员要想在激烈的比赛中脱颖而出，就必须具备优秀的力量素质，以确保在关键时刻发挥出最大的潜力。

蚂蚁捉害虫运动对运动员的力量要求极高，无论是爆发力、持久力还是协调性，都是运动员在比赛中取得优势的关键因素。因此，力量素质的提升不仅有助于运动员在比赛中更好地应对各种挑战，还能够显著提高他们的整体竞技水平。

为实现这一目标，运动员在日常训练中必须注重力量素质的培养和锻炼。通过科学合理的训练方法和手段，结合个人的实际情况，有针对性地提高肌肉力量、改善神经肌肉系统的协调性和反应速度，从而全面提升自身的力量素质。只有这样，运动员才能在蚂蚁捉害虫这一充满挑战和竞争的运动中处于不败之地。

（二）发展力量的训练方法

（1）发展最大力量训练。

为全面提升肌肉力量，可以采取两大策略：一是通过特定训练加大肌肉横

---

[1] 田麦久，刘大庆.运动训练学［M］.北京：人民体育出版社，2012.

断面，从而实现最大力量的增强；二是优化肌肉间及肌纤维间的协调性，以进一步提高整体力量表现。

①重复训练法。此方法根据强度不同，细分为高强度重复训练与中等强度重复训练两种。

高强度重复训练的核心在于，通过针对性训练提升运动员肌肉内部及肌肉群之间的协同作用，从而达到提高最大力量的目的，同时避免肌纤维体积过度增加。在此过程中，训练负荷强度始终维持在最大强度的85%以上，确保训练效果的最大化。每组训练重复1~6次，共进行3~6组，组间间歇时间为2~5分钟，以确保肌肉得到充分恢复。

中等强度重复训练则侧重于通过适中的负荷刺激，促进肌纤维体积的逐步增加。训练时，负荷强度控制在最大强度的65%~85%，每组重复6~12次，同样进行3~6组。组间间歇时间缩短至30秒~1.5分钟，以在保持肌肉紧张度的同时，促进力量稳步提升。

②金字塔力量练习法。此方法的特点在于训练强度由低到高逐步递增。初始强度不低于最大强度的65%，随后逐步提高训练强度并减少重复次数，直至达到运动员的最大承受强度。这种方法有助于运动员逐步适应并突破自身的力量极限。

③静力练习法。此方法主要针对肌肉的静态收缩能力进行训练。在训练过程中，负荷强度始终保持在90%以上，每次静力收缩持续时间为3~6秒。共进行4次练习，每次练习之间休息3~4分钟，以确保肌肉得到充分放松和恢复。通过这种方法，可以有效提升运动员在静态下的力量表现。

(2)发展手指力量。

①使用握力器、手指弹簧、练习球等工具进行握力练习。

②手指悬垂练习。

③手指支撑俯卧撑、仰卧撑练习。

④持铅球或实心球，以手指力量拨球练习。

(3)发展臂、肩、胸部肌肉群力量。

①墙角俯卧撑、仰卧撑。

②双杆侧撑，两臂屈伸。

③单杠引体向上。

④拉力器练习。

⑤持壶铃或哑铃连续做肩、臂、胸肌练习。

⑥规定距离、次数,仰卧起坐抛药球,两人一组。

(4)发展腰、腹部力量。

①平板支撑。手肘和脚尖着地,保持身体平直,维持一定的时间。

②仰卧起坐、俯卧两头起练习。

③倒立运动。如头倒立、手倒立。

④悬垂腿上举。使用倒吊杠或悬挂器械进行训练,将腿从直角抬起,然后再慢慢放下。

⑤俄罗斯转体。坐在地面上,双脚抬起,手持哑铃或者其他负重物,然后旋转上半身,将负重物从一侧放到另一侧。

(5)爆发力练习。

①跳跃练习。如深蹲跳跃、单脚跳等。

②重量训练。如杠铃深蹲、硬拉等。

③冲刺练习。可以在跑道或户外进行。

④爆发力循环。可以使用跳箱、波速球等器材。

⑤平衡训练。如单脚站立、平板支撑等。

二、速度素质训练

(一)速度素质的概念

速度素质,即人体所展现出的快速运动能力,在蚂蚁捉害虫这项运动中占据着至关重要的地位。当运动员听到起跑信号的一刹那,他们需要凭借出色的反应速度,迅速启动并加速,力求在最短的时间内让速度达到巅峰。在腾空状态中,运动员还需要以超群的急停和快速变向能力,确保各个动作之间的衔接如行云流水般流畅而迅速,不容任何一丝迟疑与拖沓。同时,他们在动作的变换和起跳时也要保持高度的敏捷性,使整个过程的线条呈现出一种优美流畅的艺术感。

速度素质对于提升运动员的整体竞技能力而言,具有举足轻重的意义。在蚂蚁捉害虫比赛的激烈角逐中,运动员必须能够快速启动、戛然而止、灵活变向,并精准控制身体重心,这些要素无一不是速度素质的具体体现。因此,在日常训练中,对速度素质的重视和培养显得尤为重要,这直接关系到运动员在比赛中的表现和最终成绩。通过科学系统的训练方法和坚持不懈的努力，运动员可以不断提升自己的速度素质，为在蚂蚁捉害虫比赛中取得优异成绩奠定坚实的基础，书写属于自己的辉煌篇章。

(二)发展速度的训练方法

(1)反应速度。

①起跳腾空飘行。四肢趴伏于地面，两手撑开放于两膝内，进入准备状态，听到信号刺激快速起跳腾空飘行，其距离为5~8米。练习2~3组，每组2~3次。

②快速起跑。背向半蹲姿势，听到信号后迅速转体成起跳腾空飘行技术动作，距离为5~8米。练习2~3组，每组2~3次。

③动作反应练习接加速跑。练习前规定多种动作，如高抬腿、波比跳、弓步交替、前后或左右并步等，教练员随机说出某个动作指令，运动员快速作出应答反应，然后听到信号刺激，快速往前方加速跑。

(2)动作速度。

①快速力量练习。计时快速完成俯卧撑抬腿、规定距离的鳄鱼爬练习。

②快速持握器械练习。持1千克轻器械，做快速平推器械、快速头上双臂屈伸等。要求速度快，负荷强度适度，动作符合该技术要求。

(3)移动速度。

①快速启动—停止练习。运动员模仿青蛙的姿势四肢着地后，以最快速度在赛道上跳跃前进，并用手拿起置于跑到终点的"害虫"，用嘴叼着折返。重复这个练习，逐渐增加前进的速度和变向的速度。

②侧跑变向练习。侧跑并迅速急停变向，可以提高运动员的侧向移动速度。

③高强度间歇训练。进行高强度的运动并短暂休息。例如，进行快速冲刺或侧跑并在短暂的休息时间后迅速进行下一组练习。

④综合性训练。把发展运动素质和改进技术结合起来，提高身体的适应性和运动效果。在训练中，先以增强肌肉力量为主，后注重肌肉力量与协调的综合训练，最后在发展力量的基础上发展柔韧性、提高移动速度。

三、耐力素质训练

(一)耐力素质的概念

耐力素质是指机体在持续进行特定强度的活动或维持一定动作质量时,所能展现出的持久能力。这一概念在运动训练学中占据着举足轻重的地位,被视为评估运动员整体竞技水平的重要指标之一。特别是在蚂蚁捉害虫这类对体力要求极高的运动中,良好的耐力素质更是成为决定运动员竞技能力高低的关键因素。

在蚂蚁捉害虫运动的比赛过程中,运动员不仅要保持高强度的运动状态,还要确保每一个动作都精准到位。这就要求他们必须具备出色的耐力素质,以便在长时间的比赛中始终保持稳定的水平。因此,对于蚂蚁捉害虫运动员来说,培养良好的耐力素质是提升竞技水平、取得优异成绩的重要前提。

在日常训练中,耐力素质的训练应被视为一项长期而系统的任务。运动员需要通过有针对性的训练计划,逐步提高自己的耐力水平。这包括增强心肺功能、提高肌肉耐力、优化能量代谢等多个方面。只有这样,他们才能在激烈的比赛中脱颖而出,展现出自己的最佳状态。

(二)发展耐力的训练方法

(1)有氧耐力的训练方法。

①长时间低强度持续跑。通过长时间的低强度(一般为60%~70%的最大心率)持续跑来提高心肺功能和耐力水平,在运动心率区间内进行30分钟以上的跑步。

②间歇性跑步。在有氧耐力跑训练中,也可以加入间歇性的高强度训练。例如,在进行一段时间的高速跑步(80%~90%最大心率)后,切换到低速慢跑(60%~70%最大心率)以恢复。

(2)无氧耐力的训练方法。

①高强度间歇性速度跑。无氧耐力跑注重更高的速度和强度。可以选择较短的跑步距离,以更高的速度(80%~90%最大心率)进行运动。快速跑步一段时间后,以较低速度慢跑恢复,以此重复进行。

②循环训练。这是一种综合性的训练方法,结合了有氧和无氧耐力训练。通

过无氧练习和有氧练习之间的切换，可以提高心肺功能、肌肉力量和无氧耐力。

（3）专项耐力训练。

①反复折返途中练习。在蚂蚁捉害虫运动场地的两端线间，反复练习这段路程所需要的快速起、停、变向以及身体重心的控制。连续往返 5 次左右，距离约 10 米。

②超长比赛法。即超过正式比赛时间的练习法。或者采用三局两胜、五局三胜的比赛方法，控制好每局的间歇时间。

四、协调素质训练

（一）协调素质的概念

协调素质在运动员的表现中扮演着至关重要的角色，它是指运动员机体不同系统、不同部位以及不同器官之间协同配合，以高效完成技术动作的能力。这种协调能力不仅是形成运动技术的基石，更是提升运动表现的关键。

通过精心设计的协调训练方法，运动员可以显著提升身体的控制能力、灵敏性以及反应能力。这些训练不仅有助于运动员更好地适应运动时的外部环境变化，还能有效降低运动创伤的发生概率。

（二）发展协调的训练方法

（1）平衡能力训练。通过单脚站立、倒立姿势以及平板运动等练习，可以有效激活核心肌群，提升身体的平衡感知能力。这些训练有助于增强运动员在不稳定环境下的身体控制能力。

（2）灵敏性训练。快速反应练习、随机跳跃以及迅速转身运动等，都是提升灵敏性的有效手段。这些训练能够帮助运动员在面对突发情况时，迅速作出准确的判断和反应。

（3）协调性训练。通过跳跃并同时进行手臂动作，或者进行交替运动等练习，可以锻炼运动员的身体协调性。这些训练有助于提升运动员在完成复杂技术动作时的身体协调能力。

（4）器械训练。利用平衡板、半球、悬挂器械等工具进行训练，可以增加不稳定性和挑战性，从而进一步强化运动员的协调能力。这些器械的使用，能够让运动员在更加接近实际比赛的环境中，提升协调素质和技术水平。

第五节　蚂蚁捉害虫运动的心理技能训练

一、心理技能训练的概念

心理技能训练（psychological skill training，PST）是一种采用特定方法和手段对人的心理进行专门化训练的过程，旨在强化心理技能并培养特殊心理能力。这一训练形式在体育领域尤为重要，特别是在现代竞技体育运动中，它已成为科学化训练系统中不可或缺的一环。[①]

在蚂蚁捉害虫这项运动项目中，心理技能训练对运动员的表现起着至关重要的作用。运动员在比赛中的竞技表现往往受到心理因素的深刻影响，而这些表现又是影响比赛成绩的关键因素。因此，通过心理技能训练，运动员可以更好地应对比赛压力，保持冷静和专注，从而发挥出自己的最佳水平。

为满足训练和比赛的需要，蚂蚁捉害虫运动训练中必须不断完善运动员的心理状态适应训练。这意味着教练员和训练团队需要密切关注运动员的心理状态，及时发现并解决潜在的心理问题。通过科学的心理技能训练，运动员可以建立起更加稳固的心理基础，提高自信心和抗干扰能力，从而在比赛中稳定发挥，取得优异成绩。

总之，心理技能训练在蚂蚁捉害虫运动项目中具有举足轻重的地位。通过这一训练形式，运动员可以不断提升自己的心理素质和竞技表现，为取得优异成绩奠定坚实基础。

二、心理技能训练的方法

(一)表象训练法

在蚂蚁捉害虫运动训练和比赛前，表象训练法是一种极为有效的心理训练技巧。运动员会在头脑中有意识地反复预演蚂蚁捉害虫运动的技术动作，这样做能够让他们更好地理解和领会动作的关键要素。通过反复的想象与演练，运动员能够加深对动作的记忆和理解，从而在实际操作时提高技能的准确性和流

[①] 季浏，殷恒婵，颜军.体育心理学［M］.北京：高等教育出版社，2016.

畅性，使自己在比赛中能够更好地展现自身实力。

(二)暗示训练法

暗示训练法则是借助简洁、有力和积极的语言暗示，激发运动员的潜能。通过采用积极的心理暗示语，运动员可以在比赛中调整自己的心态，克服动作技能学习中的困难和挑战。这种方法不仅有助于提升运动员的自信心和专注力，还有可能使他们在比赛中超水平发挥，取得意想不到的佳绩。

(三)系统脱敏训练法

对于蚂蜕捉害虫运动中的恐惧和焦虑问题，系统脱敏训练法是一个有效的解决方案。该方法要求运动员逐步接触和适应那些引起恐惧或焦虑的情境，从而帮助他们克服心理上的障碍。通过这种方式，运动员能够在实际操作中减少紧张和恐惧的情绪，从而提高自己在比赛中的应对能力。

(四)模拟训练法

模拟训练法则是在近似真实比赛的情境中进行的演练性训练。运动员可以通过模拟训练法提前感受和适应比赛中的压力、分心和不确定性。[①] 这样做有助于提高他们的抗干扰能力和备战的针对性，使运动员在真正比赛时能够保持冷静、专注并发挥出最佳水平。模拟训练法的运用对于运动员的赛前准备和心理调适都具有重要意义。

---

① 王树明.运动技能学习与控制[M].北京：高等教育出版社，2018.

第六章

蚂蚜捉害虫运动竞赛规则的演变

竞赛规则是一套为确保竞赛顺利进行、维护赛场秩序而精心制定的统一标准与准则。这套规则详尽地规定了主要裁判员的职责与权力，明确了竞赛的组织流程与实施方法，同时确立了评定成绩和排定名次的公正标准。此外，它还对比赛所需的场地设施、器材规格等方面做出了细致的规定。[①]

在丰富多样的运动项目中，每一项运动都有其独特的竞赛规则。蚂蚜捉害虫运动，作为广西地区一种别具一格的少数民族传统体育项目，其竞赛规则同样具有鲜明的特色。这一项目源自广西东兰县等地壮族人民的蚂蚜节，一种青蛙崇拜的自然宗教仪式。它以青蛙捕食的生动场景为基础，通过参赛者模仿青蛙神态，深刻展现了壮族人民勤劳、善良的品质，以及他们与自然和谐共生、对生命延续的殷切期盼。

自 2018 年起，蚂蚜捉害虫运动正式成为广西壮族自治区少数民族传统体育运动会的比赛项目之一，并拥有一套独立且完善的竞赛规则。这套规则不仅内容科学、结构合理、系统全面，为参赛队伍提供了准确理解该项目的依据，也为他们开展赛前训练、安排战术布局提供了有力的指导。同时，作为保证比赛公平公正有序进行的纲领性文件，竞赛规则在推动项目发展、提高比赛水平方面发挥了至关重要的作用。

随着蚂蚜捉害虫运动的不断发展和普及，其竞赛规则也将不断适应新的形势和需求，进行相应的调整和完善。这将有助于项目朝着更加科学、合理、公

---

① 姚颂平，夏征农：大辞海—体育卷［M］.上海：上海辞书出版社，2008.

平的方向发展，进一步激发广大参与者的热情与活力，为传承和弘扬少数民族优秀传统文化注入新的动力。

第一节　蚂蚓捉害虫运动竞赛规则的发展历程

蚂蚓捉害虫运动深深扎根于广西的文化土壤，其起源可追溯至广西东兰、天峨、南丹等县红水河沿岸一带的壮族村寨的传统民俗活动——蚂蚓节。这一富有民族特色的庆典活动，不仅承载了壮族人民对自然的敬畏与对生活的热爱，更通过世代相传的方式，成为他们文化传承的重要组成部分。2006 年 5 月 20 日，经过国务院的严格审查与批准，壮族蚂蚓节被正式列入第一批国家级非物质文化遗产名录，这无疑是对其深厚文化底蕴与历史价值的极高认可。

不仅如此，壮族蚂蚓舞也于 2010 年被广西壮族自治区列入非物质文化遗产名录，这一荣誉进一步彰显了其在地方文化中的独特地位与影响力。在政府文化部门的大力推动下，这项充满原始韵味与生命力的舞蹈得以与现代竞赛运动相结合，从而催生出独具特色的蚂蚓捉害虫运动。这一创新性的融合，不仅使传统的蚂蚓舞在新时代焕发出新的活力，也为现代竞赛运动注入了丰富的民族文化元素。

蚂蚓捉害虫运动自创立以来，便以其独特的魅力和深厚的文化底蕴吸引了众多关注。2018 年，该运动更是被荣幸地选为广西壮族自治区第十四届少数民族传统体育运动会的正式比赛项目，这无疑是对其价值与潜力的极高肯定。为确保比赛的顺利进行和项目的规范发展，组委会根据蚂蚓捉害虫的运动特点精心整理编撰了第一版竞赛规则。这一规则不仅为比赛的公正、公平提供了有力保障，也为该项目的进一步推广和发展奠定了坚实基础。

截至 2022 年广西壮族自治区第十五届少数民族传统体育运动会，组委会已正式发布了两版蚂蚓捉害虫运动竞赛规程。相较于 2018 年的初版规则，2022 年的版本在内容上更加全面细致，不仅对之前版本中出现的问题进行了及时的补充和修订，还根据项目的实际发展情况进行了必要的调整和优化。这两版竞赛规则共同构成了蚂蚓捉害虫运动发展的重要基石，对其技术动作的规范化、标准化产生了深远影响。

第二节　蚂蚡捉害虫运动的竞赛规则分析

一、广西壮族自治区第十四届少数民族传统体育运动会蚂蚡捉害虫运动竞赛规则分析

广西壮族自治区人民政府主办，广西壮族自治区民族宗教事务委员会、广西壮族自治区体育局以及崇左市人民政府承办的广西壮族自治区第十四届少数民族传统体育运动会在 2018 年金秋十月的崇左市盛大开幕。这场盛大的体育赛事不仅是一场体育竞技的较量，更是一次民族文化的交流与沟通。

本次运动会精心设置了众多富有民族特色的竞赛项目，包括花炮、珍珠球、蹴球、毽球、龙舟、独竹漂、秋千、射弩、陀螺、高脚竞速、板鞋竞速、少数民族武术、民族健身操、投绣球以及新颖别致的蚂蚡捉害虫运动等。每一项比赛都蕴含着深厚的民族文化底蕴，体现了广西各族人民的智慧和创造力。

特别值得一提的是，蚂蚡捉害虫运动作为本次赛事的一大亮点和创新之举，不仅丰富了比赛内容，也为观众带来了全新的视觉享受。这一项目的设立，既是对传统民族体育的挖掘和传承，也是对现代体育竞技的创新和发展，充分展示了广西壮族自治区在推动民族体育事业发展方面的决心和成果。

（一）2018 年版蚂蚡捉害虫运动竞赛规则制定背景分析

2016 年 11 月 30 日，在广西壮族自治区第十二届人民代表大会的第二十六次会议上，经过深思熟虑与广泛讨论，郑重通过了《广西壮族自治区非物质文化遗产保护条例》。该条例中着重强调并明确提出了一个重要方向："我们鼓励并全力支持对非物质文化遗产代表性项目的合理利用，通过创新开发，打造出具有鲜明地方特色、民族风情以及强大市场潜力的文化精品和文化服务"。这一重要决策为广西的文化遗产保护工作指明了前进方向。

随后，在 2018 年，广西壮族自治区政府与国家体育总局达成了重要的战略合作。双方共同签署了共建广西体育强区的战略合作框架协议。协议中，国家体育总局明确表示将全力支持广西在完善城乡公共体育设施、创新发展体育社会组织以及举办多元化全民健身和民族传统体育赛事活动方面做出的努力。这一举措极大地推动了广西体育事业的蓬勃发展。

值得一提的是，在这一新时代背景下，广西创新举办的"壮族三月三·民族体育炫"活动逐渐崭露头角，其规模和影响力均得到了显著提升。而国家级的非遗项目——壮族蚂蚜节，也迎来了前所未有的发展机遇。自治区政府高度重视对壮族传统蚂蚜舞的保护与传承工作，并积极探索其与现代体育元素的结合。这一创新尝试催生了蚂蚜捉害虫运动的诞生，该运动不仅深受广大群众喜爱，更在2018年成功被列为广西壮族自治区第十四届少数民族传统体育运动会的正式比赛项目。

为确保比赛公平、公正与顺利进行，组委会精心制定了第一版蚂蚜捉害虫运动竞赛规则。这份详尽且专业的指导性文件，不仅为各参赛队伍提供了明确的比赛规范和评判标准，也为蚂蚜捉害虫运动的进一步发展奠定了坚实基础。在全区范围内，该文件已成为各参赛队伍备战和比赛时不可或缺的重要参考资料。

(二)2018年版蚂蚜捉害虫运动竞赛规则主体内容特点

2018年版蚂蚜捉害虫运动竞赛规则，为该项赛事的顺利举行提供了坚实的规则基础。该规则涵盖了比赛、场地及器材、比赛通则三大核心章节，为参赛选手和裁判人员提供了明确的指导和依据。

在第一章中，竞赛规则对蚂蚜捉害虫运动的概念进行了清晰界定，为参赛选手和观众准确理解这一独特运动项目的内涵和精髓提供了重要参考。同时，在场地及器材章节中，竞赛规则对比赛场地的要求与规格进行了详尽阐述，确保了比赛的公平性和一致性。然而，稍显遗憾的是，该章节并未对比赛道具进行明确说明，这在一定程度上增加了比赛的不确定性和操作难度。

第三章比赛通则作为规则的重要组成部分，涵盖了竞赛、竞赛的排序抽签和录取、成绩相等以及竞赛办法等四项关键内容。这些规定为比赛的顺利进行提供了有力保障，确保了比赛结果的公正性和准确性。然而，在对蚂蚜捉害虫比赛中应使用的动作技术描述方面，竞赛规则显得有些简略，未能充分展现该项目的技术特点和精髓。

与国家正式比赛的竞赛规则相比，2018年版蚂蚜捉害虫运动竞赛规则在结构层次和内容全面性方面还存在一定差距。个别术语的使用不够严谨，可能对比赛的理解和执行造成一定影响。尽管如此，我们必须认识到，作为蚂蚜捉害虫运动的第一版竞赛规则，其难免存在不足之处。这既是项目发展过程中的必经阶段，也为未来竞赛规则的完善提供了宝贵的经验和借鉴。

二、广西壮族自治区第十五届少数民族传统体育运动会蚂蚜捉害虫运动竞赛规则分析

广西壮族自治区第十五届少数民族传统体育运动会于 2022 年 10 月的金秋时节，在风景秀丽的桂林市盛大开幕。此次运动会精心策划，设置了丰富多彩、富有民族特色的竞赛项目，包括激动人心的花炮、珍珠球、蹴球、毽球，还有考验团队协作的龙舟、独竹漂，以及展示个人技艺的秋千、射弩、陀螺等。同时，不乏考验速度与耐力的项目，如高脚竞速、板鞋竞速，还有深受大家喜爱的少数民族武术、民族健身操、投绣球、攀爬椰子树等，以及别出心裁的蚂蚜捉害虫。比赛共计 16 个项目，每个项目都各具特色，吸引了众多民众的关注与参与。

然而，受疫情影响，为确保参与者的健康与安全，此次少数民族传统体育运动会的比赛项目被分为三个不同的时间段进行。其中，备受期待的板鞋竞速、高脚竞速以及新颖的蚂蚜捉害虫作为第二阶段的比赛项目，于 2022 年 11 月在桂林市体育馆热烈上演。这样的安排不仅充分展示了广西少数民族的传统体育文化，也在确保安全的前提下，为广大民众提供了一场场精彩纷呈的视觉盛宴。

（一）2022 年版蚂蚜捉害虫运动竞赛规则制定背景分析

2022 年，随着冬奥会的圆满落幕，我国体育产业迎来了前所未有的发展新机遇。在这一大背景下，民族传统体育作为我国体育文化的瑰宝和重要组成部分，其丰富多彩的民风民俗特色也受到了社会各界的广泛关注和热烈喜爱。

广西壮族自治区作为民族传统体育的重要发源地之一，一直致力于推动体育事业的蓬勃发展。2021 年 12 月 30 日，广西壮族自治区体育局正式印发了《广西壮族自治区体育发展"十四五"规划》。这份重要文件明确指出，桂东、桂西、桂中地区体育事业呈现出蓬勃发展的良好态势，民族传统体育优势日益凸显，乡村体育也实现了全面振兴。同时，文件还强调要持续推广板鞋、花炮、龙舟、陀螺等一系列具有鲜明民族特色的传统体育项目，以进一步丰富和提升广西体育的文化内涵和社会影响力。

为进一步加强少数民族传统体育工作的推广和发展，2020 年 12 月 25 日，广西壮族自治区人民政府发布了《广西壮族自治区人民政府办公厅关于进一步加强少数民族传统体育工作的实施意见》。这份纲领性文件为全区民族体育事

业的传承、发展和创新提供了坚实的政策支持和方向指引。

在广西浓厚的民族体育氛围影响下，"壮族三月三·八桂嘉年华"等活动的规模和影响力也在持续提升。这些活动不仅为广大群众提供了展示和体验民族体育文化的平台，也极大地推动了校园民族体育的普及和发展。特别是在这一时期，蚂蚜捉害虫运动迅速崭露头角，成为广西民族体育中的一颗耀眼新星。经过上一届运动会的经验积累和四年的深入沉淀，2022 年版蚂蚜捉害虫运动竞赛规则在内容的科学性和结构的全面性上均取得了显著提升，为该项目的进一步推广和发展奠定了坚实基础。

（二）2022 年版蚂蚜捉害虫运动竞赛规则主体内容特点

2022 年版蚂蚜捉害虫运动竞赛规则是专为 2022 年广西壮族自治区第十五届少数民族传统体育运动会精心制定的。这一版规则在主体结构上共分为六大章节，涵盖了比赛的核心要素与细节，包括比赛、场地及器材、比赛通则、名次排定、弃权与申诉，以及裁判人员及职责。

与 2018 年版的竞赛规则相比，2022 年版在内容上进行了显著的扩充与深化。其中，最为引人注目的是新增了名次排定、弃权与申诉、裁判人员及职责三个独立章节，这使得竞赛规则体系更为完整，能够更全面地应对比赛过程中可能出现的各种情况。

在第一章中，竞赛规则对蚂蚜捉害虫运动的定义进行了重要调整，这一改动不仅提升了比赛的规范性和专业性，更对参赛运动员的技术动作产生了深远的影响，要求他们必须适应新的定义，调整和完善自己的技术动作。

第二章则详细规定了比赛所需的场地及器材，特别是明确了比赛道具为害虫和手环，这为比赛的顺利进行提供了坚实的物质基础。同时，竞赛办法中也新增了犯规与判罚的相关条款，进一步保障了比赛的公平性和公正性。

此外，竞赛规则还对害虫的放置位置进行了调整，这一改动旨在增加比赛的难度和观赏性，对运动员的技术水平和应变能力提出了更高的要求。

总的来说，2022 年版蚂蚜捉害虫运动竞赛规则在内容体量上有了显著的提升，修改幅度较大。新版的竞赛规则不仅内容更加全面、结构更加细化，而且整体的竞赛规则体系也更加完善。这些改动无疑为广西壮族自治区第十五届少数民族传统体育运动会的蚂蚜捉害虫比赛增添更多的看点和亮点。

第三节 蚂蚁捉害虫运动竞赛规则的演变

竞赛规则的演变不仅是运动项目发展历程中的关键环节,更是推动运动项目向科学化、规范化方向迈进的重要驱动力。为深入剖析竞赛规则对蚂蚁捉害虫技术与项目文化的深远影响,本书综合运用了文本分析法、对比分析法以及录像分析法,对蚂蚁捉害虫运动 2018 年和 2022 年两版竞赛规则进行了细致入微的比较研究。

通过这种全方位的分析,我们不仅可以清晰地看到竞赛规则演变对蚂蚁捉害虫技术动作发展的具体影响,还能深入理解这种演变是如何与项目文化相互作用、共同发展的。此外,本书还结合当前的竞赛规则,对蚂蚁捉害虫运动未来的发展趋势进行了有理有据的预测,旨在为民族传统体育学者、赛事组委会、教练员以及运动员提供一份有价值的参考指南。

通过本书的研究,我们期望能够为蚂蚁捉害虫运动的持续发展贡献一分力量,同时希望能够为其他民族传统体育项目的规则制定与发展提供有益的借鉴和启示。

一、2018 年版、2022 年版竞赛规则整体内容概况对比分析

表 6-1　2018 年版、2022 年版竞赛规则内容结构概况

版本	比赛	场地及器材	比赛通则	名次排定	弃权与申诉	裁判人员及职责
2018 年版	有	有	有	无	无	无
2022 年版	有	有	有	有	有	有

从表 6-1 的对比中我们可以清晰地看到,2018 年版和 2022 年版竞赛规则之间存在着三处显著的变化。2022 年版竞赛规则在原有基础上新增了名次排定、弃权与申诉、裁判人员及职责这三个全新的章节,这无疑是对蚂蚁捉害虫运动竞赛规则的一次重要修订。修订后的版本在整体结构上更加合理,内容上也更加详细充实,为参赛选手和裁判人员提供了更加明确和全面的指导。

然而,尽管修订版在多个方面都取得了显著的进步,但我们也不得不承

认，在章节内容的划分上仍存在一定的欠缺。特别是在术语的使用上，还存在一些需要改进的地方。例如，2018 年版和 2022 年版的第一章都以"比赛"来命名，但章节的内容却仅限于"定义"，这显然有些欠妥。从整个竞赛规则的内容设计来看，第一章作为开篇之首，理应编撰更具统领性和总则性的内容，以便为后续的章节奠定坚实的基础。

因此，我们期待在未来的修订中，能够对这些问题进行更为深入的探讨和改进，以使蚂蚁捉害虫运动竞赛规则更加完善、合理和科学。

二、2018 年版、2022 年版竞赛规则定义对比分析

表 6-2　2018 年版、2022 年版竞赛规则对蚂蚁捉害虫运动定义的对比

版本	定义
2018 年版	蚂蚁捉害虫运动是由运动员在规定场地内采取蛙跳式的方式向前跳跃前进，以在同等的距离内所用的时间多少决定名次
2022 年版	蚂蚁捉害虫运动是由蚂蚁节演化而形成的由运动员在规定场地内模仿青蛙捕食的动作，采取蛙跳式的方式向前跳跃前进，且每次跳跃之后双手和双脚依次落地，以在同等的距离内所用的时间多少决定名次

"定义"这个词既可作为名词使用，也可作为动词使用，具有双重属性。当作为名词时，它指的是对一种事物的本质特征或一个概念的内涵和外延进行确切而简要的阐述和说明。[①] 而作为动词时，它则意味着人们采用一定的逻辑方法，对某个概念进行明确的界定和解释，以便将其与其他概念区分开来，从而帮助人们更好地理解其含义及使用范围。

在运动项目中，定义同样具有至关重要的作用。以蚂蚁捉害虫运动为例，2018 年版竞赛规则曾将"采取蛙跳式的方式向前跳跃前进"作为该运动的核心内容来描述其本质特征和内涵。然而，这样的定义方式容易使参赛队伍对蚂蚁跳和现代蛙跳的动作技术产生混淆。

为更准确地界定蚂蚁捉害虫运动，民族传统体育学者以及组委会负责人员进行了深入研究和探讨，并结合 2018 年比赛的经验积累，对 2022 年版的竞赛

---

① 　中国社会科学院语言研究所词典编辑室.现代汉语词典(第七版)[M].北京：商务印书馆，2016.

规则进行了修订。在新的竞赛规则中,蚂蚁捉害虫运动的定义变得更为清晰明确,它强调了"模仿青蛙捕食的动作""采取蛙跳式的方式向前跳跃前进""双手和双脚依次落地"这三个重要元素。这样的定义不仅还原了该运动的本质特征,使其动作技术回归到了运动创立的最初宗旨,还有效地帮助了教练员和运动员在训练和比赛中更好地理解和把握该运动的核心要领。

三、2018 年版、2022 年版竞赛规则比赛通则内容对比分析

(一)2018 年版、2022 年版竞赛规则起跑姿势、途中跑技术对比分析

表 6-3 2018 年版、2022 年版竞赛规则起跑姿势、途中跑技术的对比

版本	起跑姿势	途中跑技术
2018 年版	未规定	运动员以蛙跳式的方式向前跳跃前进,每跳一步落地时必须四肢着地后,才能继续向前跳进,直至跳过终点线
2022 年版	运动员双手和双脚同时着地成蚂蚁状趴伏于跑道的起跑线后,双手不得超过或触及起跑线	运动员应以蛙跳式的方式向前跳跃前进,每跳一步落地时必须双手和双脚先后着地后,才能继续向前跳进,直至跳过终点线

2022 年版竞赛规则对起跑姿势进行了更为明确的规定,并对途中跑动作技术进行了更为详尽的阐述。规则中特别指出:"运动员双手和双脚同时着地成蚂蚁状趴伏于跑道的起跑线后,双手不得超过或触及起跑线。"这一规定不仅明确了运动员在起跳后的身体姿态与着地顺序,也为运动员在比赛中保持正确的动作技术提供了指导。

然而,作为项目动作技术的核心组成部分,对于途中跑时运动员身体动作的完成方式,规则中的描述仍有进一步细化的空间。更详尽细致的说明将有助于参赛队伍更全面地理解并掌握动作技术的精髓,从而在比赛中发挥出最佳水平。因此,在未来的规则修订中,可以考虑对这部分内容进行进一步的补充和完善,以确保运动员和教练员能够更加准确地把握蚂蚁捉害虫运动的技术要领。

(二)2018 年版、2022 年版竞赛规则"害虫"放置位置对比分析

表 6-4　2018 年版、2022 年版竞赛规则"害虫"放置位置对比

版本	"害虫"放置位置
2018 年版	运动员到达折返点须在指定的区域内取得"害虫"后,并将"害虫"放入口袋跳回终点,如"害虫"从口袋跌落,运动员必须在"害虫"跌落处重新将"害虫"放入口袋后才能继续比赛
2022 年版	运动员到达折返点须在指定的区域内取得"害虫"后,将"害虫"用口衔住后跳回终点,如"害虫"从口中跌落,运动员必须在"害虫"跌落处重新将"害虫"用嘴衔住后才能继续比赛

在 2018 年版竞赛规则中,明确规定了运动员在折返点取得"害虫"后,须将其放入口袋并跳回终点的动作流程。然而,根据实际比赛情况的观察,我们发现运动员在竞赛过程中,口袋里的"害虫"频繁出现掉落的现象。这种情况不仅打乱了运动员的竞赛节奏,影响其连贯性,还给比赛的顺利进行带来了不小的困扰。

为解决这一问题,2022 年版竞赛规则对此进行了重要修改。新的规则要求运动员在折返点取得"害虫"后,采用口衔"害虫"的方式跳回终点。这一改变不仅有效避免了"害虫"掉落的情况,还大大提高了运动员竞技过程的连贯性和流畅性。

这一规则的修改不仅是对运动员竞赛体验的优化,更是对项目持续发展的有力保障。通过减少不必要的干扰和打断,运动员能够更专注于比赛本身,发挥出自己的最佳水平。同时,比赛的观赏性和吸引力也得到了提升,为项目的长期发展奠定了坚实的基础。

(三)接力赛比赛办法对比分析

2018 年版竞赛规则中,接力赛比赛的方式:当第一棒运动员捕获"害虫"并将其放入口袋后,他必须冲过终点,并将"害虫"准确地投放到指定的筐内,此时,第二棒运动员才能开始他的赛程。然而,到了 2022 年,接力赛的比赛方式经历了一次重要的变革。

表 6-5 2018 年版、2022 年版竞赛规则接力赛比赛办法对比

版本	接力赛的比赛办法
2018 年版	在接力比赛中，第一棒运动员到达折返点，取得"害虫"放入口袋后，按照个人赛的方式跳过终点线，将"害虫"放入指定的筐内，第二棒运动员即可出发，按第一棒运动员的要求进行，依次类推，直到本队最后一棒运动员完成比赛。
2022 年版	在接力比赛中，每队发一个手环，第一棒运动员将手环戴好在任何一只手腕后，第一棒运动员到达接力区内，将"手环"取下后交给第二棒运动员，第二棒运动员接到"手环"后即可出发，按第一棒运动员的要求进行，依次类推，直到本队最后一棒运动员完成比赛。

在新的规则下，接力赛的比赛办法得到了进一步明确，在接力赛中，每队发一个手环，第一棒运动员将手环戴好在任何一只手腕后，当第一棒运动员进入接力区时，他需要从手腕上取下一个特制的"手环"，并将其交给紧随其后的第二棒运动员。一旦第二棒运动员接过这个"手环"，他就可以立即启动自己的比赛。这个过程将按照相同的模式进行，直到该队的最后一棒运动员完成比赛。值得注意的是，这次更新增加了"手环"作为接力赛中的关键物品，不会因为口衔害虫而导致交叉感染。

同时"手环"的使用无疑使接力比赛的进程更加明确，但各队运动员在进入下一赛程前需要进行"取"手环和"戴"手环的动作，这无疑对比赛的流畅度产生了一定的影响。这一变化不仅增加了比赛的复杂性，也为运动员们带来了新的挑战和机遇。

(四) 犯规与判罚的对比分析

2018 年版竞赛规则仅对起跑犯规及其判罚进行了基础性的规定。然而，随着比赛的发展和竞技水平的提升，关于进一步明确犯规与判罚的需求更加迫切。为此，2022 年版竞赛规则在原有基础上进行了重要的补充和完善，新增了多项犯规与判罚的规定。

其中，针对抢跑行为，新规则明确了其定义和判罚标准，有效遏制了比赛中的不正当起跑行为。同时，为维护比赛的秩序和公平性，新规则还对串道行为进行了严格的规定，并明确了相应的判罚措施。

此外，针对比赛中运动员"害虫"跌落的情况，新规则也制定了相应的处理

办法，确保了比赛的顺利进行。而对于阻挡或妨碍其他运动员跑进的行为，新规则同样给予了高度的重视，并规定了严厉的判罚，以维护比赛的公正性。

通过这些新增的犯规与判罚规定，2022年版竞赛规则在保障比赛公平公正进行方面迈出了重要的一步。这不仅能为运动员提供一个更加公平、公正的竞技环境，也能为观众呈现一场场更加精彩、激烈的比赛。

四、2018年版、2022年版竞赛规则其他内容的对比分析

表6-6　2018年版、2022年版竞赛规则名次排定、弃权与申诉、裁判人员及职责的对比分析

版本	名次排定	弃权与申诉	裁判人员及职责
2018年版	非独立单元，仅在第一章蚂蚁捉害虫运动定义末尾中提到：以在同等的距离内所用的时间多少决定名次	无	无
2022年版	新增第四章：名次排定	新增第五章：弃权与申诉	新增第五章：裁判人员及职责

2022年版竞赛规则在修订中取得了显著的进步，其中最为引人注目的是新增了三个独立章节，分别是名次排定、弃权与申诉、裁判人员及职责。这些新增内容不仅进一步确保了比赛的公平公正性，还更加全面地保障了各参赛队伍的各项权益，充分展现了人文精神在竞技运动中的重要地位。

特别是在名次排定章节中，规则详细规定了排名的标准和程序，使得比赛结果更加客观公正。同时，弃权与申诉章节为参赛队伍提供了明确的申诉途径和程序，保障了他们的合法权益。而裁判人员及职责章节则对裁判员的工作职责和要求进行了明确规定，确保了比赛的顺利进行。

此外，2022年版竞赛规则还特别增加了《蚂蚁捉"害虫"竞赛裁判法》。这一裁判法不仅明确了裁判员在比赛中的具体职责和工作要求，还为运动员创造了更加公平、公正、规范的比赛环境。通过这一裁判法的实施，运动员可以更加专注于比赛本身，从而发挥出自己的最佳水平。

总体来说，2022年版竞赛规则在整体结构上更加合理，内容也更加全面细致。这些改进不仅有利于比赛的顺利进行，还为项目的长远发展奠定了坚实的基础。相信在未来的比赛中，这些规则将发挥更加重要的作用，进而推动蚂蚁捉害虫运动不断向前发展。

第四节　蚂蜴捉害虫运动竞赛规则的演变对技术与运动 文化的影响分析

蚂蜴捉害虫运动深深植根于广西壮族的蚂蜴节传统中的蚂蜴舞，这一项目不仅承载了丰富的民族历史文化内涵，更展现了浓厚的民俗风情。通过民族传统体育运动会这一重要的比赛平台，蚂蜴捉害虫运动得以广泛传播和深入发展。它不仅是一项兼具文化性和竞技性的壮乡民族传统体育项目，更成为连接各民族文化的重要纽带，促进了各民族之间的深入交流和互动。

在这一过程中，蚂蜴捉害虫运动不仅得到了传承与发展，更在推动民族团结、铸牢中华民族共同体意识方面发挥了积极的作用。它为各民族间的文化交流搭建了坚实的桥梁，有助于加深各民族间的了解和认同，进一步巩固民族团结的社会基础。

蚂蜴捉害虫运动项目发展的核心在于竞赛规则的制定与完善。一套结构合理、设计科学、内容系统的竞赛规则，不仅为该项目的发展提供重要的导向，更在规范比赛行为、提高竞技水平方面发挥关键作用。蚂蜴捉害虫竞赛运动规则的演变不仅对该项目的动作技术产生了决定性的影响，更代表了该项目发展的内在要求和未来趋势。随着规则的不断完善和创新，蚂蜴捉害虫运动必将焕发出更加绚丽的光彩，为传承民族文化、推动体育事业发展贡献更大的力量。

一、动作技术回归本质

在广西壮族自治区第十四届少数民族传统体育运动会之前，蚂蜴捉害虫这一项目正处于由民族民间体育活动向少数民族传统体育比赛项目转型的初始阶段。当时，许多教练员和运动员对这个项目几乎一无所知，更不了解它深深植根于农耕文明，并在历史长河中逐渐从蚂蜴节演变而来，成为一项具有鲜明民族性和独特性的少数民族传统体育项目。

由于赛前宣传推广不足、组委会培训不充分以及群众对该项目认知有限，各参赛队伍只能根据仅有的竞赛规则和对该项目的初步了解进行探索性训练。这导致在 2018 年广西壮族自治区第十四届少数民族传统体育运动会上，只有南宁市代表队真正诠释了蚂蜴捉害虫运动的文化内涵，并准确掌握了其动作技术的本质特征。而其他参赛队伍则更多地呈现出"跳远式蚂蜴"的风格，这与挖掘该项目的初衷相去甚远。

2018 年版竞赛规则在比赛通则中对途中跑部分的描述为"以蛙跳式的方式向前跳跃前进，每跳一步落地时必须四肢着地后，才能继续向前跳进"，但并未对蚂蚜捉害虫运动的核心动作技术进行详细界定。在教学资源有限的背景下，基于对规则中文字描述动作的理解，比赛场上出现了各种起跑姿势和途中跑动作。有的运动员采用现代田径训练中的蛙跳加上双手摸地的方式完成动作，有的则采用手脚交替发力、身体整体呈俯撑态的"青蛙式"跳跃完成比赛。

经过四年的打磨和洗礼，蚂蚜捉害虫运动的竞赛规则逐渐完善。2022 年版竞赛规则对项目的定义更加清晰明确，规定了蚂蚜捉害虫的技术动作为："蚂蚜捉害虫运动是由蚂蚜节演化而形成的由运动员在规定场地内模仿青蛙捕食的动作，采取蛙跳式的方式向前跳跃前进，且每次跳跃之后双手和双脚依次落地，以在同等的距离内所用的时间多少决定名次"。其中，"模仿青蛙捕食""蛙跳式""双手和双脚依次落地"这三个重要规定使蚂蚜捉害虫运动的技术动作回归到了项目创立的最初宗旨。

在广西壮族自治区第十五届少数民族传统体育运动会的蚂蚜捉害虫比赛中，运动员以科学规范的动作技术展现了该项目追求"更高、更快、更强"的竞技特质。他们生动形象地还原了蚂蚜捉害虫时生机勃勃、充满活力的文化内涵，充分展现了这项独具风格的新兴民族体育项目的本质。这一转变不仅推动了蚂蚜捉害虫运动的发展，也为广西少数民族传统体育的传承和创新注入了新的活力。

二、竞技过程更加连贯

以蚂蚜捉害虫这一独特而富有民族特色的运动项目为例，其竞技全程不仅考验着运动员的体能与技巧，更在紧张刺激的接力过程中彰显了团队协作的重要性。该项目的竞技过程依次包括各赛程运动员的起跑、迅速而稳健地往程奔跑、精准捕捉并稳妥携带"害虫"、返程至起点、终点处巧妙放置"害虫"，以及至关重要的交接手环环节。其中，"害虫"作为整个比赛的核心道具，不仅为运动员提供了明确的竞技目标，更为这项运动增添了浓厚的趣味性和挑战性。

然而，在激烈的比赛中，保持过程的连贯性对于最终成绩至关重要。除了运动员自身的技术水平外，还有两个关键因素直接影响着比赛的连贯性。首先，是运动员在捕捉到"害虫"后如何妥善放置，以确保其不会在运动中意外跌落；其次，则是每个赛程之间交接的顺畅与否，这直接关系到团队整体效率的发挥。

2018 年版竞赛规则曾规定运动员须将捕获的"害虫"放入口袋并带回终点。但在实际比赛中，这一做法常常导致"害虫"在运动员跳跃过程中从口袋掉落，进而影响了比赛的连贯性和观赏性。规则虽明文规定掉落后的"害虫"须由运动员自行拾起并重新放置，但这无疑增加了比赛的不确定性和中断的风险。针对这一问题，有学者指出，将"害虫"放入腹前口袋的设计在实际操作中并不合格，频繁的掉落情况对比赛的顺利进行构成了不小的障碍。[①]

基于此，2022 年版竞赛规则进行了针对性的修改。新规则要求运动员在取得"害虫"后，须用口轻轻衔住，再跳回终点。这一看似细微的调整，却在实践中产生了显著的效果。运动员发现，在跳跃前进的过程中，用口衔住"害虫"的方式不仅更加稳固，而且更易于控制。因此，"害虫"掉落的情况大大减少，比赛的连贯性和观赏性也随之提升。

这一规则的修改对于运动员和裁判员来说都是一项福音。运动员可以更加专注于技术和团队协作，而无须过分担心"害虫"的掉落问题。而裁判员也能在清晰的视野下，更准确地判断运动员的表现和比赛结果，从而保证了比赛的公平性和公正性。总体而言，2022 年版竞赛规则无疑为蚂蚜捉害虫这一少数民族传统体育运动注入了新的活力，使其在保持传统魅力的同时，更加符合现代竞技运动的要求和精神。这不仅有助于该项目的长远发展和传承，也为观众带来了更为精彩和难忘的视觉盛宴。

三、比赛的竞技性和观赏性增强

青蛙，作为自然界中的捕虫高手，以害虫为食，对农业的贡献不可小觑。其轻盈的体态、敏捷的动作以及后肢惊人的爆发力，都令人叹为观止。正因如此，青蛙在壮族人民的节日中备受崇拜，被赋予了风调雨顺、丰收富足的美好寓意。

2022 年版的蚂蚜捉害虫运动竞赛规则，其修改与完善无疑在竞技性方面迈出了坚实的一步。规则的细化和明确，使得比赛更加公平、公正，同时为参赛运动员设置了更高的挑战。新规则对蚂蚜捉害虫运动的概念进行了清晰的界

---

① 王艳琼，余正君，孙政，等.蚂拐捉害虫运动的发展困境与对策分析[J].运动精品，2019，38(6)：58-61.

定，特别强调了"模仿青蛙捕食""蛙跳式""双手和双脚依次落地"等细节要求。这些规定的加入，不仅增加了运动员完成动作的难度，也极大地提升了比赛的竞技水平。

此外，新规则对运动员的综合素质也提出了更高的要求。力量、协调、速度、柔韧等方面的素质，如今已成为决定比赛胜负的关键因素。运动员必须全方位提升自己的能力，才能在激烈的竞争中脱颖而出。

在观赏性方面，规则的演变同样带来了令人欣喜的变化。比赛中，运动员们双腿起跳、腾空跃起、手臂缓冲落地的动作连贯而有力，展现出刚劲平稳、一气呵成的美感。他们优美的身体线条、坚定执着的神态，仿佛一只只灵动敏捷的青蛙在田间跳跃。这种协调美、力量美、速度美的展现，让比赛的观赏性得到了极大的增强。现场观众无不为运动员们的精彩表现所震撼，沉浸式感受比赛的趣味性和互动性。

值得一提的是，比赛道具"害虫"的巧妙引入，也为比赛增添了更多的色彩和视觉效果。这一创意不仅丰富了比赛的形式和内容，也让观众在紧张激烈的比赛中感受到了更多的乐趣和惊喜。

综上所述，通过规则的演变和创新，蚂蜗捉害虫运动不仅成功保留了传统文化的精髓和魅力，还巧妙地融入了现代竞技的元素和理念。这使得比赛更具竞技性和观赏性，吸引了更多观众的关注和热情参与。展望未来，我们有理由相信，蚂蜗捉害虫运动将在传承与创新中焕发出更加绚丽的光彩。

四、文化创新与发展

蚂蜗捉害虫运动竞赛规则的演变，不仅为这项传统文化活动注入了新的活力，更在深层次上推动了蚂蜗捉害虫运动文化的创新与发展。这种创新与发展，不仅体现在比赛形式的现代化与多样性上，更体现在对传统文化内涵的深入挖掘、传承与弘扬上。

首先，竞赛规则的演变使得蚂蜗捉害虫运动更具现代气息，更贴近当代人的审美与需求。例如，现代科技手段的引入，如直播技术、虚拟现实等，让比赛跨越地域限制，深入更广泛的观众群体，使更多人能身临其境地感受比赛的紧张刺激与传统文化的独特魅力。同时，借鉴现代体育赛事的运作模式，如商业化开发、市场推广等策略，蚂蜗捉害虫运动的社会影响力与知名度也进一步提升了，使其在现代社会中焕发出新的生机与活力。

　　其次，蚂蚁捉害虫文化在保持传统文化精髓的基础上，积极融入现代元素与竞技理念，展现出更加多元化、包容性的面貌。这种多元化不仅体现在参与人群的广泛性与多样性上，还体现在比赛形式与内容的持续创新上。例如，针对不同年龄段与体能水平的参与者，设置不同难度级别的比赛项目，让每个人都能在其中找到适合自己的挑战与乐趣。此外，结合当地的文化特色，将蚂蚁捉害虫运动与其他文化活动有机融合，不仅丰富了比赛的文化内涵，也打造了更具地方特色的文化品牌，进一步增强了蚂蚁捉害虫文化的吸引力与凝聚力。

　　最后，这种创新与发展对于传统文化在现代社会中的传播与弘扬具有深远的意义。通过将蚂蚁捉害虫文化与现代元素巧妙结合，我们不仅能够激发更多人对传统文化的兴趣与热情，还能在比赛等形式的展示与宣传中，让更多人深刻感受到传统文化的独特魅力与价值所在。这种感受与体验将进一步增强人们对传统文化的认同感与自豪感，从而推动传统文化在现代社会中的广泛传播与深入传承。

　　综上所述，蚂蚁捉害虫运动竞赛规则的演变对蚂蚁捉害虫运动产生了深远的影响。它不仅促进了传统文化的传承与保护，提升了比赛的竞技性与观赏性，更在推动文化的创新与发展方面发挥了积极的作用。这种创新与发展不仅让蚂蚁捉害虫文化焕发出新的生机与活力，也为传统文化在现代社会中的传播与弘扬开辟了新的路径，探索了新的可能。

第七章
蚂蚁捉害虫运动竞赛裁判法

《蚂蚁捉"害虫"竞赛裁判法》是一部针对蚂蚁捉害虫竞赛特性而精心设计的法规，其目的在于为裁判员提供一套明确且实用的操作指南。通过这部裁判法，裁判员能够在比赛中严格依据竞赛规则，准确、合理地履行自己的职责，从而确保比赛顺利进行。

该裁判法不仅深入阐述了裁判员应具备的基本素质和工作程序，还详细规定了在不同岗位上裁判员的具体工作职责。这些规定既体现了对裁判员专业素养的严格要求，又充分考虑了比赛的实际需要，为裁判员在执法过程中提供了有力的支持和指导。

通过遵循《蚂蚁捉"害虫"竞赛裁判法》，裁判员能够更好地完成执法任务，确保比赛公平、公正和顺利进行。同时，这部裁判法也对提升比赛的整体水平和观赏性发挥了积极作用，使得蚂蚁捉害虫运动成为一项更加精彩、更具吸引力的体育活动。

总的来说，《蚂蚁捉"害虫"竞赛裁判法》是蚂蚁捉害虫运动中不可或缺的重要组成部分，它为比赛的规范化、专业化和公正化提供了坚实的保障，推动了这项运动的持续发展和普及。

第一节　竞赛工作特点

蚂蚁捉害虫竞赛工作的核心宗旨在于确保比赛的公平性，为所有参赛运动员提供一个均等且优质的竞赛环境，从而让他们能够在这个平台上尽情展现自己的实力与风采。为了实现这一目标，可以充分利用现代化的电子计时设备，这些高科技的工具能大大提升比赛的公正性，让每一位运动员的努力都能得到应有的认可。

在大型比赛中，裁判员的分工明确且专业性强是确保比赛顺利进行的关键因素。每位裁判员都经过严格的培训，对自己所负责的环节了如指掌，他们的专业素养和公正态度为比赛的公平性和顺利进行提供坚实的保障。

随着蚂蚁捉害虫运动的不断发展壮大，比赛中对裁判员的要求也日益提高。他们不仅需要深入了解并掌握比赛的规则和方法，还要对项目的特点有深刻的认识和理解。这样才能在比赛中做出准确的判断和裁决，确保比赛的公平和公正。

此外，民族体育比赛具有独特的趣味性、观赏性和竞技性，这也是蚂蚁捉害虫运动能够吸引众多观众和参与者的重要原因。比赛中，运动员敏捷的身手、巧妙的策略和激烈的竞争都让观众为之热血沸腾，也让这个项目焕发出了勃勃生机。

这也对竞赛组织工作中的安全保障以及场地和器材的安全性提出了较高的要求。安全是比赛顺利进行的前提和基础。因此，在筹备比赛时，须对场地进行严格的检查和维护，确保没有任何安全隐患。同时，对比赛器材也要精心的挑选和测试，确保它们在比赛中能够发挥出最佳的性能，为运动员提供一个安全、公正的竞赛环境。

第二节　裁判员应具备的条件

裁判工作至关重要，裁判员应该充分认识到自身在维护比赛秩序和社会稳定中的重要作用，以高度的责任感和使命感投入到裁判工作中，为构建和谐社会贡献自己的力量。裁判员应具备以下几个条件。

（1）精通竞赛规则是裁判员的必备条件。只有深入了解并熟练掌握各项规则，裁判员才能在比赛中做出准确的判断和裁决。裁判员应该通过不断学习和实践，提高自己的业务水平，确保在比赛中能够准确运用规则，保障比赛顺利进行。

（2）裁判员不仅要精通规则，还要熟练地掌握裁判方法。在比赛中，裁判员需要根据实际情况灵活运用各种裁判技巧和方法，确保比赛的公平公正和顺利进行。因此，裁判员应该注重实践经验的积累，不断提高自己的裁判能力和水平。

（3）裁判员要有高度的组织性，严格遵守比赛纪律和规定，确保比赛的有序进行。在比赛中，裁判员需要与其他工作人员密切协作，共同维护比赛秩序和保障运动员的安全。

（4）在工作中对待运动员要热心、耐心，保持适度距离。裁判员应该关注运动员的需求和感受，积极为他们提供帮助和支持。同时，裁判员也要保持适度的距离和公正的态度，确保比赛公平公正和顺利进行。在与运动员的交往中，裁判员应该注重沟通技巧和方法的运用，建立良好的工作关系，为比赛的顺利进行创造有利条件。

第三节　裁判员任务与职责

一、裁判长的任务与职责

（一）任务

裁判长，作为全体裁判员的领袖与核心，肩负着至关重要的职责。其不仅负责领导全体裁判员在比赛前深入钻研竞赛规则和比赛方法，还要组织讨论并明确各个裁判组的工作流程与细节，确保各项准备工作得以周到细致地完成。在比赛过程中，裁判长必须以公正、严谨的态度严格执行竞赛规则和竞赛规程，全面监督并确保各项裁判任务得以圆满完成。

作为全体裁判员的楷模和榜样，裁判长还须具备卓越的领导才能和丰富的实践经验。其要善于协调各方关系，确保比赛顺利进行；同时还要具备敏锐的洞察力和判断力，能够在关键时刻做出正确的决策。当裁判长认为某项比赛存在不公正情况时，他有权宣布该比赛无效，并果断做出重赛的决定，以维护比赛的公平与正义。

此外，裁判长还要负责审核比赛成绩、裁决对比赛的抗议以及最后判定有争议的名次等重要事宜。其必须时刻保持清醒的头脑和公正的态度，确保每一项决策都经得起推敲和检验。同时，他还要对运动员的犯规行为进行公正的判罚,维护比赛的纪律和秩序。

总之,裁判长是比赛中不可或缺的重要角色。他的领导力和决策力对比赛的顺利进行和公正裁决起着至关重要的作用。全体裁判员和参赛运动员都应该对裁判长的工作给予充分的尊重和支持,共同促进比赛公平、公正和顺利进行。

(二)应具备的基本素质

裁判长作为赛场上的权威人物,必须具备卓越的思想素质和崇高的职业道德。他应始终保持正直的作风,以身作则,成为裁判团队的楷模和表率。除了个人品质,裁判长还须具备出色的组织能力和领导才能,能够高效地协调和管理整个裁判团队。

在专业知识方面,裁判长应拥有深厚的裁判专业理论功底,并具备丰富的实践工作经验。必须全面熟悉并深刻理解竞赛规则的精神,确保在比赛中能够准确、公正地运用规则。同时,裁判长还应精通各种裁判方法,并能在实际工作中灵活应用,确保比赛顺利进行。

此外,裁判长还应具备研究和创新能力,能够不断探索和改进裁判工作的方法和手段。其应善于团结裁判员,激发团队的工作热情和凝聚力,共同应对各种挑战。在工作中,裁判长应始终保持严肃认真的态度,敢于坚持原则,勇于承担责任,全力以赴做好裁判工作,为比赛的公平、公正和顺利进行提供有力保障。

(三)职责

(1)赛前职责。

①作为裁判组的领导者,裁判长应深知学习竞赛规则、裁判法以及竞赛规程的重要性。因此,应组织全体裁判员深入学习这些关键内容,确保他们熟悉竞赛日程和场地器材设备。同时,其还应研究并确定各裁判组的工作方法,制订详尽的工作流程和计划,以确保比赛顺利进行。

②为充分发挥各裁判员的特长和能力,裁判长应深入了解他们的业务和工作水平。这样,在分配工作时,可以根据他们的实际情况进行合理搭配,让每个人都能在自己的岗位上发挥出最大的价值。

③比赛的编排情况对于比赛的顺利进行至关重要。因此，裁判长应重点审查比赛秩序和各项目在每单元的安排情况，精确估计所需时间，以确保各项比赛能够按时开赛和结束。这将有助于维护比赛的公平性和公正性，为参赛选手提供一个良好的竞技环境。

④针对蚂蚱捉害虫比赛的特殊性和实际需要，裁判长组织裁判员学习和研究相关的裁判方法。统一要求和旗示的运用，确保比赛的公正性和准确性。各裁判组将根据统一要求和实际条件，合理安排人员定岗、定位、定任务，并撰写详细的裁判工作实施细则，为比赛顺利进行提供有力保障。

⑤在比赛前，裁判长领导各裁判组对各自的场地器材、设备和所需用具物品进行全面检查。同时，组织和领导各裁判组进行赛前现场实习，以确保他们熟悉比赛环境和流程。对于重大比赛，裁判长亲自对计时组(包括电动计时和手工计时组)的工作过程进行检查和监督，以确保其符合比赛的要求和标准。

⑥为确保每个裁判员都能明确自己的岗位和任务，裁判长按照各组裁判工作细则组织现场实习。这将使裁判员们能够熟练掌握裁判方法，了解彼此之间的工作配合以及裁判组之间的协作方式。

⑦比赛前，裁判长向编排记录公告组领取最后确认过的秩序册、竞赛成绩卡以及各组检录与比赛时间表等材料，并及时分发给裁判员们。同时，根据各阶段裁判工作的需要和裁判员的工作情况，及时进行人事调整和优化配置。

(2)赛中职责。

①每单元比赛开始前的规定时间内(通常提前40~60分钟)，裁判长须抵达比赛场地，对各裁判组的到场情况进行全面检查，并督促他们准时开始检录工作。同时，其还要仔细监督场地和器材的准备工作，确保一切就绪。待各组准备妥当后，裁判长还须有序地组织裁判组入场，确保比赛顺利进行。

②比赛过程中，裁判长须全面掌控比赛进程，确保比赛规则得到严格执行。对于规则中未明确规定的任何问题，裁判长都需要依据规则精神进行灵活处理，及时解决比赛中的疑难问题。一旦发现问题，裁判长应立即进行处理，以免对比赛造成不必要的延误。在遇到特殊情况导致比赛无法继续进行时，裁判长须与竞赛委员会负责人、技术代表或仲裁委员会成员紧密沟通，共同研究停赛或继续比赛的最佳方案和时间安排。

③裁判长的工作位置应设置在能够全面观察比赛情况的地方，以便及时发现并处理可能出现的问题。对于有可能发生争议的项目和地点，裁判长应特别关注，甚至亲自前往现场进行监督，以确保在问题出现时能够迅速而准确地进行处理。对于比赛过程中提出的抗议或异议，裁判长有权进行裁决，并对有不正当行为的运动员进行相应处罚，包括警告、取消录取资格或比赛资格等。在执行处罚时，裁判长应按照规定出示相应的黄牌或红牌，并将处罚情况详细记录在成绩卡中。

④如果裁判长认为某项比赛存在明显的不公平或违规行为，其有权宣布该项比赛无效，并决定在当日或其他时间重新进行比赛。这一决定旨在维护比赛的公正性和公平性，确保所有参赛选手能够在平等的条件下进行竞争。

⑤在每项（组）比赛结束后，裁判长需要认真审核计时成绩卡，确保比赛成绩的准确性和公正性。每张成绩卡（表）都应由裁判长亲自签名确认，以示对比赛结果的认可和责任承担。

⑥每日比赛结束后，裁判长应召集各组主裁判及相关负责人召开总结会议。在会议上，各方可以及时了解当天的比赛情况和问题，共同探讨解决问题的办法和应采取的措施。对于比赛中出现的问题，如果确属裁判工作的失误或疏忽，裁判长应及时进行修正和补救。对于犯有严重错误或不称职的裁判员，裁判长有权进行适当的处理，必要时甚至可以停止其职务和工作，以确保比赛的顺利进行和裁判工作的专业性。

（3）赛后职责。

①在全部比赛圆满结束之后，裁判长应庄重地宣布最终的成绩，并正式宣告比赛的终结。这一时刻，标志着所有参赛选手的辛勤付出和激烈竞争终于画上了圆满的句号。

②随后，裁判长应领导全体裁判员进行全面的总结工作。这不仅是对本次比赛的一个回顾，更是为了从中汲取经验，为未来的比赛奠定更坚实的基础。根据大会要求，裁判长组织裁判员们共同撰写一份详尽的书面总结，包括比赛过程中的亮点、存在的问题以及改进建议等内容。

③最后，裁判长还须负责做好比赛的善后工作。这包括但不限于比赛场地的清理、设备的归位以及相关资料的整理和归档等。同时，裁判长还须确保所有与比赛相关的资料都能够及时、准确地上报并入档，以便为今后的比赛提供

宝贵的参考和借鉴。在这一过程中，裁判长应秉持细致、认真的态度，确保每一项工作都得以圆满完成。

二、副裁判长任务与职责

（1）作为裁判长的得力助手，副裁判长协助裁判长全面组织和领导裁判工作，确保比赛顺利进行。副裁判长的工作直接向裁判长负责，是裁判团队中不可或缺的一员。

（2）在裁判长因故缺席的情况下，副裁判长代理裁判长的职务，全面接管比赛裁判工作的组织和领导。此外，受裁判长的委托，处理与比赛相关的各类问题，从而确保比赛的连续性和公正性。

（3）根据裁判长的建议和指示，副裁判长分工负责比赛的编排、记录和公告工作。精心组织比赛日程，确保各项比赛按时、有序进行；同时，负责场地、器材等设备的检查和管理，确保比赛设施的完备和安全。

（4）副裁判长全面检查各种通信设备及其路线，确保比赛期间的信息传递畅通无阻。一旦发现任何问题，立即采取措施，确保比赛顺利进行。

（5）协助裁判长做好裁判队伍的内部事务管理也是副裁判长的重要职责之一。积极参与裁判队伍的建设和管理，提高裁判队伍的整体素质和业务水平；负责协调裁判队伍内部的关系，确保裁判工作的和谐与稳定。

（6）在每单元比赛开始前，副裁判长组织裁判组入场，确保裁判人员准时、有序地进入比赛场地。带领裁判组以饱满的热情和专业的态度投入到比赛中，为比赛的公正、公平提供有力保障。

（7）比赛开始后，副裁判长负责检查比赛秩序，加强赛场的安全措施。密切关注比赛进程，及时发现并处理任何可能影响比赛秩序和安全的问题；与赛场安保人员紧密合作，共同确保比赛的顺利进行和保障观众的人身安全。

（8）副裁判长协助裁判长组织各种裁判工作会议，为裁判团队提供一个交流经验、分享心得的平台。通过定期召开会议，促进裁判团队内部的沟通和协作，提高裁判工作的效率和质量。

三、检录主裁判、检录员的任务与职责

(一)任务

(1)根据竞赛日程的详细安排以及技术手册中明确规定的各项检录时间,负责召集参赛运动员到指定的检录处进行检录工作。确保运动员在规定的时间内到达并完成检录程序。

(2)严格遵守竞赛规则,对运动员进行细致全面的检查。这包括但不限于:核实运动员的参赛证、身份证是否真实有效,检查运动员的号码、服装和比赛用具是否符合规则规定。同时,确保每位运动员的装备和身份都符合比赛要求。

(3)在确保安全的前提下,准时将运动员沿着合理且高效的路线带到比赛场地,交给发令员进行进一步的控制和管理。确保运动员在比赛前能够顺利到达指定地点,为比赛的顺利进行做好准备。

(二)职责

(1)检录主裁判职责。

作为检录主裁判,需要全面负责组织和管理检录工作。具体职责包括:组织检录人员深入学习竞赛规则和规程,合理安排人员分工,制定详细的检录工作细则和工作流程;全面掌握比赛进程,对外协调各方关系,确保检录工作顺利进行;接受副裁判长的直接领导,全面负责检录处的各项工作,并与编排记录组保持密切联系,确保信息及时准确传递;在检录前准备好工作所需的各种器材和用品,如检录处标志牌、检录时间公告牌、文具、各种表格、手提喇叭、裁判桌椅、运动员休息凳、安全别针、针线、卡尺等,确保检录工作顺利进行;当采用终点电动计时时,还须准备道次小号码等相关设备;向编排记录组索取已经确认的竞赛日程表、运动员分道分组表(或卡片),并根据比赛日程制定详细的检录时间流程表,确保检录工作有序进行;准确掌握检录时间,保证按时将运动员带到比赛场地;及时处理检录工作中出现的问题,确保比赛顺利进行。

(2)检录员职责。

检录员在检录工作中扮演着重要的角色,具体职责如下:利用广播和张贴

等形式及时宣布检录地点、本单元各比赛项目的时间和注意事项,确保运动员能够及时了解相关信息;将各项比赛实到人数与秩序册进行核对,填写检录表、记录缺席运动员统计表,调整比赛卡片和比赛成绩表,确保比赛数据准确无误;按照规则要求对运动员进行逐项细致的检查,包括运动员的身份、号码、服装、"害虫"、携带物等是否符合规则规定,确保比赛公平公正;如采用终点电动计时方式,需要分发道次小号码,并提示运动员正确佩戴,防止脱落、颠倒等情况的发生;检录员应事先准备充足的别针、针线等物品,以便运动员在需要时使用;在规定的时间内将运动员按照预先选定的合理路线带入比赛场地,交给发令员进行控制和管理;检录时间截止后,未到达的运动员将视为比赛弃权;每项比赛结束后,负责回收小号码等物品,确保比赛场地整洁和有序。

四、计时主裁判、计时副裁判、计时员的任务与职责

(一)任务

计时裁判团队的核心任务是确保对各竞赛项目中运动员完成比赛的时间进行准确、迅速记录,从而公正地确定每位运动员的比赛成绩。这一任务不仅关乎运动员的荣誉,也是比赛公平性的重要体现。

(二)职责

(1)计时主裁判职责。

作为计时工作的核心组织者,计时主裁判承担着至关重要的职责。其不仅需要全面主持和协调计时组的整体工作,还需负责最终判定每位参赛运动员的成绩。具体职责如下。

①赛前准备与团队协调。在比赛开始之前,计时主裁判须领导全体计时员深入学习并掌握竞赛规则与规程。其应根据每位计时员的工作能力及具体情况,进行明确而合理的分工,确保每位成员都能明确自己的职责。同时,根据大会的日程安排,计时主裁判须组织计时员进行必要的计时方法学习,以统一工作方法并制定详细的工作细则。此外,与有关裁判组的分工协作方法也须得到明确,以确保比赛过程中的顺畅沟通。在物质准备方面,计时主裁判须确保各项比赛所需器材、表格等一应俱全,并对场地设置和器材准备情况进行全面了解。

②比赛过程中的领导与执行。在比赛过程中，计时主裁判须严格按照大会规定的时间和要求带领计时员入场，并按顺序定位就座。其须再次明确每位计时员的工作分工和方法，检查秒表的准确性，并接收、审核终点成绩卡。为确保比赛的顺利进行，计时主裁判须在各项比赛开始前3~5分钟向计时员宣读本单元比赛项目及顺序，并将成绩卡交给最下面的计时员并迅速向上传递。在整个比赛过程中，计时主裁判须密切关注比赛进展，一旦某计时员的秒表出现未开启或故障等问题，应立即给予解决，从而确保比赛的连续性和公正性。

③成绩判定与赛后工作。每组比赛结束后，计时主裁判须迅速收回成绩卡进行核对，确保无任何差错。其须按照规则判定运动员的正式成绩，并与终点长确认无误后交予裁判长。同时提示计时员回表，并用手势示意终点主裁判已准备就绪，可进行下一组比赛。为确保比赛成绩的权威性，计时主裁判还须亲自计取每一组比赛第1名的成绩。在出现破纪录情况时，其必须立即检查秒表并请裁判长进行复核以确认成绩的有效性。每单元比赛结束后，计时主裁判须组织全体计时员进行工作小结以总结经验教训并优化工作流程。此外，其还须清点计时表等物品并办理归还手续，以确保比赛的顺利进行和后续工作的有序开展。

（2）计时副裁判职责。

协助计时主裁判工作是计时副裁判的重要职责。在比赛前，其必须确保每组所需的比赛成绩卡被准确无误地分发到位。作为计时副裁判，不仅要紧密配合主裁判的工作节奏，更要专注于精确计取每一组比赛中第二名选手的成绩。这一任务需要极高的专注度和准确性，以确保比赛的公平、公正和顺利进行。

（3）计时员职责。

在比赛开始之前，计时员必须认真学习并熟悉比赛规则、裁判法以及工作细则，还需要对秒表的性能有深入的了解，确保能够熟练掌握计时方法和成绩记录方法。这是保证比赛顺利进行和成绩准确记录的基础。

每位计时员在工作时都必须保持独立，严禁让其他任何人观看秒表或讨论所记录的成绩，以确保比赛的公正性和成绩的准确性。在填写成绩时，计时员应将每名运动员的成绩精确到百分之一秒并填写在分表栏中，然后按照比赛规则将其换算成十分之一秒并填写在决定成绩栏中。

关于计时过程中的几个关键步骤，计时员必须严格遵守。

①回表。计时员在任何情况下都不能擅自回表，只有在计时主裁判统一发出"回表"的提示后才能进行回表操作。听到提示后，计时员应立即回表，并迅速将注意力转向起点，准确辨认所计时运动员的特征，以确保在下一轮计时中能够准确无误地记录成绩。

②开表。当听到"上道"的提示后，计时员应立即将目光投向起点发令员的动作。当听到"举枪"的提示后，他们需要将秒表稳定地置于腰腹部位，并高度集中注意力，目视烟屏，做好开表的准备。一旦看到枪烟或闪光，计时员必须立即开表，以确保能够准确记录运动员的成绩。

③查表。开表后，计时员首先需要检查秒表是否正常开启和走动。一旦发现问题，他们必须立即向计时主裁判报告，以便及时采取补救措施。此外，他们还需要密切关注所计道次的运动员的特征和号码，以及邻道运动员相对位置的变化，以避免出现错计或漏计的情况。

④停表。当所计道次的运动员的身体躯干(不包括头、颈、肩、臂、腿和脚)的任何部位触及终点后沿垂直面的瞬间时，计时员需要立即停表。此时，他们的目光应继续跟踪观察本道次运动员的身体与"害虫"是否分离，如分离则判犯规。同时，他们还需要注意号码是否与成绩卡上的号码相同，以确保成绩的准确性。

⑤读表。在读表时，计时员需要注意不同类型秒表的显示方法以及进位问题。如果出现破纪录的情况，应立即向计时主裁判报告。

⑥记录与传递。在填写比赛卡片和计时存查表时，如果三只秒表所计的成绩各不相同，应以中间的成绩为准；如果其中两只表的成绩相同，则以这个相同的成绩为准。如果只有两只秒表并且所计的成绩不同，那么应以较差的成绩作为正式成绩。对于破纪录的情况或运动员中途退场、罚下场的情况，都应在备注栏中作出明确的说明。同时，计时员需要将每名运动员的成绩按 1% 秒填写在分表栏中，然后按照规则换算成 1/10 秒并填写在决定成绩栏中，并将所看的名次填写在成绩卡上以供终点裁判员参考。完成这些步骤后，计时员应迅速将填好的成绩卡由上往下传递给计时主裁判，然后等待计时主裁判的"回表"提示进行下一组次的计时工作。

五、终点主裁判、终点裁判员的任务与职责

(一)任务

终点裁判团队的核心任务是确保每组比赛运动员到达终点的名次得到准确、迅速的判定。在判定不一致或有争议的情况下,终点主裁判将担任最终裁决者的角色,以确保比赛公平、公正和顺利进行。

(二)职责

(1)终点主裁判职责。

①入场与定位。根据大会的规定时间和要求,终点主裁判须带领全体终点裁判员有序入场,并按预设的顺序和位置就座,确保每位裁判员都能清晰地观察到自己负责的运动员和道次。

②分工与项目宣布。终点主裁判负责终点裁判员的分工,确保每名裁判员都清楚自己的职责和观察的道次。同时,向终点裁判员宣布每个比赛单元的项目、顺序和时间,以便裁判员做好充分的准备。

③比赛过程中的指导与裁决。在每项比赛开始前,终点主裁判会向终点裁判员发出提示,帮助他们集中注意力。名次的观察应从比赛开始就密切注意,直到运动员冲过终点线。在比赛过程中,终点主裁判领导终点裁判员判定运动员到达终点的名次,并在判定不一致时,作出最终的裁决。

④成绩核实与记录。每组比赛结束后,终点主裁判需要与计时主裁判进行联系,共同核实运动员的成绩和名次。一旦核实无误,终点主裁判将把各道次的名次填入名次表,并交给记录员进行登记。如果名次与计时的结果不一致,终点主裁判须与计时主裁判进一步协商并最终裁定。

⑤比赛准备与联系。在每组比赛成绩确定无误并送交记录员登记后,终点主裁判将与计时主裁判取得联系,确认下一组比赛是否准备就绪。如果采用电动计时方式,就不需要使用旗示来联系;全体裁判员应以宣告员所按下的铃声为准,各裁判组均应全神贯注地做好比赛准备(宣告员受副裁判长指令后方可启动铃声)。每组比赛结束后,终点主裁判负责收集名次报告表,核实签名后交给终点记录员。

（2）终点裁判员职责。

①名次判定。每位终点裁判员须准确、迅速地判定自己所观察的运动员名次。通常情况下，每人主要负责观察一个名次，同时兼顾观察另一个名次。终点裁判员应以观察自己所负责道次的运动员为主，如遇到运动员的道次号码未看清楚的情况，应注意观察自己所分看的运动员的体形或服装等特点。待运动员到达终点时，裁判员可以上前询问清楚后再填写名次表。同时，终点裁判员还应兼顾邻近道次运动员的名次，以确保名次的准确性。

②保持高度注意力。在每组比赛过程中，终点裁判员都应始终保持高度的注意力，准确无误地作出名次判定。如遇名次判定不清或争议的情况，应及时、实事求是地向终点主裁判报告，以便得到及时的指导和帮助。

③问题与反馈。在比赛过程中，如遇到任何问题或疑虑，终点裁判员都应向终点主裁判提出。终点主裁判将根据实际情况作出解释、指导或最终裁定。同时，终点裁判员还须认真填写终点名次报告表，确保比赛结果的准确性和完整性。

六、主发令员、发令员的任务与职责

（一）任务

发令员团队肩负着确保各位运动员在公平、公正的环境下合理且机会均等地起跑的重任，同时须确保比赛能够准时、有序地开始。其在比赛的起始阶段扮演着举足轻重的角色，负责对每组蓄势待发的运动员发出精准而果断的起跑指令。

（二）职责

（1）主发令员职责。

①主发令员必须严格按照大会规定的时间和要求，带领发令员团队有序进入起点区域，并精确安排每位发令员到达各自的工作位置，确保一切准备就绪。

②在与终点主裁判建立紧密沟通并确保一切准备就绪后，主发令员将对运动员发出"各就位"的口令，随后以鸣枪的方式发出起跑口令，正式拉开比赛的序幕。

③主发令员在比赛中拥有权威地位，他们有权对任何违反起跑规则的运动员进行警告和判罚，以确保比赛的公平性和规范性。

④对于在起跑阶段出现犯规行为的运动员，主发令员将依据规则给予警告。若运动员再次犯规，主发令员将果断取消其在该项目的比赛资格，以维护比赛的严肃性和公正性。

（2）发令员职责。

①发令员须仔细核对运动员所参加的比赛项目或组别是否有误，以及他们的号码是否佩戴正确。同时，他们要确保各道次的运动员按照规定的顺序排列，从左至右依次排列在各自的道次上。

②发令员负责组织运动员按照其道次正确地排列在起跑线后 3 米远的集合线上。在完成这一工作后，他们须向主发令员示意一切准备就绪。此外，一旦有运动员在起跑时犯规并跑出起跑线，发令员应立即鸣枪（或鸣笛）召回该运动员，并记录其犯规情况，详细填写起跑犯规情况登记表，为后续处理提供依据。

七、检查主裁判、检查员的任务与职责

（一）任务

检查裁判团队全面负责监督运动员在比赛全程中的行为举止，对于任何违反竞赛规则的行为，都应以详尽的书面报告形式提交给终点主裁判，以确保比赛公平、公正与顺利进行。

（二）职责

（1）检查主裁判职责。

①组织与培训。检查主裁判的首要任务是组织全体检查员深入学习比赛规则和流程，确保每位检查员都明确自己的任务、职责以及具体的分工。在此基础上，其还须制定详尽的检查工作细则，为比赛的顺利进行提供坚实的保障。

②现场布置与监督。按照大会的既定时间和要求，检查主裁判须带领全体检查员有序进入场地，并向他们清晰宣读每个比赛单元的项目、顺序以及时间安排。随后，检查员们将各自就位，开始全面、严密地监督运动员在比赛中的每一个动作和行为。

③实时沟通与协调。为确保比赛的连贯性和准确性，检查主裁判须在每组

比赛开始前后，通过旗示等方式与每一名检查员保持紧密的联系，确保信息高效传递和及时处理。

④接力赛的特殊关注。在接力赛中，检查主裁判须特别关注接力区内的交接棒环节，判断其是否符合规定，以防止任何违规行为发生。

⑤违规处理与报告。一旦发现运动员有违反规则的行为，检查主裁判须迅速、准确地核实情况，并立即以书面报告的形式提交给裁判长。这份报告将详细描述违规的具体情况，但只能建议是否取消该运动员的比赛资格或录取资格，最终决策权在裁判长手中。

⑥与终点主裁判紧密合作。为确保比赛的顺利进行和结果的准确性，检查主裁判还须与终点主裁判事先商定好比赛中的联络方式和协作细节，确保在关键时刻能够迅速响应和处理各种突发情况。

（2）检查员职责。

在检查主裁判的明确引领下，检查员须提前到达指定位置并做好充分准备。在比赛进行期间，检查员要密切注视所负责区域内运动员的表现，特别是关于犯规和违例行为的观察。若确认所管区域内运动员表现良好，无任何犯规情况，检查员应高举白旗，向主裁判和其他相关人员清晰示意一切正常。一旦发现运动员出现犯规行为，检查员应立即举起红旗作为警示，并迅速记录犯规运动员的号码，同时准确标明犯规发生的具体位置。紧接着，检查员应立即通知检查主裁判，详细汇报犯规情况，并及时、准确地填写检查报告表，确保比赛记录的完整性和公正性。这一系列操作对于维护比赛秩序和保障比赛公平至关重要。

八、编排记录主裁判的任务与职责

（一）任务

编排记录主裁判在竞赛中扮演着至关重要的角色，其不仅负责全面领导和合理分配记录员的工作，确保记录工作的顺利进行，同时需要在关键时刻提醒裁判长在成绩单上签字，以确保成绩的合法性和有效性。

（二）职责

（1）赛前，编排记录主裁判需要根据竞赛规则、规程、报名单、大会日程以及其他相关材料，精心编制竞赛日程和每个单元的竞赛分组表。这些细致入微的准备工作对于编制秩序册至关重要，它们为比赛的顺利进行提供了坚实的基础。

（2）赛中，编排记录主裁判需要全神贯注地准确记录并及时公布由裁判长提供的每项、每组比赛成绩。在预赛结束后，他们还需根据成绩精心编排决赛的秩序，确保比赛公平、公正和顺利进行。

（3）赛后，编排记录主裁判的任务并未结束。他们需要尽快整理并编制成绩册，详细记录比赛过程中的各项成绩和关键信息。这份成绩册在经裁判长仔细审核并签名后，将被郑重送交大会组委会，作为比赛的重要资料。

九、宣告员的任务与职责

（一）任务

宣告员在裁判长的全面指导下，担任比赛现场的信息传递者，不仅要实时向观众详细介绍比赛项目和进展状况，还须准确、迅速地宣布各项比赛成绩，确保所有观众能够第一时间了解赛况，沉浸在紧张刺激的比赛氛围中。

（二）职责

作为宣告员，首要职责是清晰、准确地宣告参加每项比赛的运动员姓名、号码以及一切相关信息，如分组名单、预先排定的道次或站位等，确保观众对参赛选手有全面的了解。在收到裁判长签名的每项成绩记录后，宣告员须立即进行宣告，同时精确记录宣告时间，以保证比赛的透明度和公正性。此外，宣告员还应密切关注比赛进程，随时准备传达比赛中的精彩瞬间和关键信息。

十、赛后控制中心的任务与职责

（1）为确保比赛现场的秩序井然有序，赛后控制中心必须采取一系列及时有效的措施。一旦运动员完成他们的比赛项目，工作人员需要立即组织他们有序地退场，以避免赛场拥挤和混乱。这样不仅可以保证比赛顺利进行，还能为观众和参赛者提供一个安全、舒适的观赛环境。

（2）对于运动员的个人物品，如衣物和证件等，赛后控制中心也有责任在第一时间进行归还。这不仅是尊重运动员个人财产的表现，更是体现赛事组织专业性和细致入微服务的重要一环。赛后控制中心可设立专门的区域和指定的工作人员负责此项工作，确保每一位运动员都能在比赛结束后及时取回自己的物品。

（3）当运动员在比赛中取得优异成绩时，赛后控制中心迅速将他们引领至颁奖台，让他们接受荣誉和掌声的洗礼。这一环节不仅是对运动员辛勤付出的肯定，也是激励他们在未来比赛中继续拼搏的重要动力。工作人员提前熟悉颁奖流程，确保这一环节顺利进行。

（4）为满足新闻媒体对运动员采访的需求，赛后控制中心积极协助安排采访时间和地点。这不仅可以为媒体提供及时、准确的报道素材，还能帮助运动员扩大知名度，提升他们的社会影响力。赛后控制中心与媒体保持密切沟通，确保采访活动顺利进行，为比赛的宣传和推广贡献力量。

第四节　蚂蚁捉害虫比赛中易出现的问题及处理

蚂蚁捉害虫比赛中常出现以下几种情况。

（1）由于蚂蚁捉害虫比赛的距离设置相对较短，这使得比赛中的竞争变得尤为激烈。各组运动员的竞技水平存在明显差异，因此在跳跃过程中，有时会出现运动员爬行的情况。为确保比赛的公平性和规范性，规定：凡是出现爬行的运动员，第一次给予警告，若再次出现，则直接判罚犯规。

（2）在激烈的跳跃过程中，运动员很容易造成"害虫"跌落。这时，运动员应迅速反应，观察清楚"害虫"掉落的位置，并在落地后立即重新衔住"害虫"，继续跳跃前进。如果运动员未能及时衔住"害虫"或放弃衔取，将被视为违规，并给予相应的判罚。

（3）当运动员到达终点时，必须确保身体完全越过终线，且与"害虫"保持紧密接触。如果运动员在越过终线前与"害虫"分离，或者身体未完全过线，都将被视为违规，并给予判罚。这一规定旨在确保比赛的准确性和公正性。

（4）无论是单项比赛还是接力比赛，如果在比赛过程中出现器材损坏的情况，运动员将无法重新参加比赛。这一规定是为了保障比赛的顺利进行和所有参赛者的公平权益。因此，运动员在比赛前应仔细检查器材的完好性，并在比赛过程中妥善使用和保护器材。

第八章
蚂蚜捉害虫运动现代化传承与发展原则

    蚂蚜捉害虫运动这项深深扎根于广西东兰县蚂蚜节的民族传统体育项目,源自壮族人民对青蛙的深厚崇拜与信仰,生动地展现了人与自然和谐共生的美好理念。在壮族人民的生活中,青蛙不仅象征着丰收与吉祥,更是他们敬畏自然、尊重生命的重要体现。蚂蚜捉害虫运动巧妙地模仿了青蛙的跳跃动作,以此来捕捉害虫,这种独特的运动形式不仅富有趣味性,还融入了竞技的元素,让人在欢乐中感受到大自然的神秘力量。[①]

    然而,在当今这个全球化日益加剧的时代,西方竞技运动和奥林匹克文化的强势传播,使得民族传统体育的生存环境与空间受到了前所未有的挑战。这种文化的异化和泛化[②],使得我国部分珍贵的民族传统体育项目面临着流失的危机,这无疑是民族文化的巨大损失。蚂蚜捉害虫运动这一蕴含丰富的历史文化内涵、具有增强民族凝聚力的重要价值的体育项目,也未能幸免。在现代化进程的冲击下,由于缺乏标准化和规范化等必要的发展条件,这一新兴的民族传统体育项目同样面临着传承与发展的严峻挑战。

    为保护和传承这一独特的文化现象,我们必须对其传承与发展的原则进行深入的探讨和研究。这不仅是为了蚂蚜捉害虫运动本身,更是为了整个壮族文化的繁荣与发展。因此,本章旨在通过系统地梳理蚂蚜捉害虫运动的历史渊源

---

① 王艳琼,余正君,孙政,等.蚂拐捉害虫运动的发展困境与对策分析[J].运动精品,2019,38(6):58-61.

② 王岗.民族传统体育与文化自尊[M].北京:北京体育大学出版社,2007.

和文化内涵，提出一系列具有针对性和可操作性的传承与发展原则。我们希望这些原则能够为该运动的持续、健康发展提供坚实的理论支撑和实践指导，让这一独特的民族传统体育项目在新的历史条件下焕发出更加绚丽的光彩，为壮族文化的传承与弘扬贡献一分力量。

第一节　蚂蜴捉害虫运动的现代化释义

蚂蜴捉害虫运动的现代化转型，在笔者看来，应被理解为在社会急剧变革的大背景下，该运动积极寻求自我突破与创新的一种深层次演进过程。这一过程不仅涉及技术的革新和规则的完善，更是一次对传统文化内涵和民族特色的再认识和再塑造。同时，这也是一个全方位、可持续的发展轨迹，旨在确保蚂蜴捉害虫运动能够在新的时代背景下展现出更加旺盛的生命力。

要实现蚂蜴捉害虫运动的现代化，首先需要在坚守其原始文化精髓和民族特色的基础上，勇于探索创新之路。这种创新应当紧密结合现代社会的实际需求和价值观念，以确保该运动能够在更广泛的范围内得到认同和推广。具体而言，蚂蜴捉害虫运动的现代化进程应体现在多个层面，如项目的竞技化水平的提升、科学训练方法的引入、生活化推广策略的实施、市场化运作机制的构建，以及人性化参与体验的优化等。

蚂蜴捉害虫运动作为一种新兴的民族传统体育项目，自 2018 年首次亮相广西壮族自治区第十四届少数民族传统体育运动会以来，虽然在动作技术、竞赛规则和评判标准等方面取得了一定的进步，但相较于其他成熟的民族传统体育项目，其在科学理论指导和评价标准方面仍存在一定的不足。因此，对蚂蜴捉害虫运动现代化传承与发展的研究显得尤为迫切。这一研究应立足于项目传承与创新的新视角，从实践出发，提炼总结出具有普适性的理论规范，以期在丰富和发展蚂蜴捉害虫文化内涵的同时，为该项运动的深入研究和学术评价提供坚实的理论基础。

第二节　蚂蜴捉害虫运动的起源和文化内涵

蚂蜴捉害虫这一源自广西壮族的蚂蜴节传统活动，深深植根于壮族人民对青蛙的崇拜与信仰之中，主要在广西西北部红水河流域的东兰县等地区流传甚广。每年农历二月初二，当地村民便会身着华丽的民族服饰，欢聚一堂，热烈庆祝蚂蜗节。他们虔诚地祭拜青蛙，以此祈求上天赐予风调雨顺、五谷丰收、国家繁荣昌盛、人民安居乐业。为更深入地挖掘并传承这一独特的民族民间体育文化，广西特别选择了最具代表性和广泛影响力的蚂蜗节进行精心孵化和大力推广。在 2018 年广西壮族自治区第十四届少数民族传统体育运动会上，蚂蜗捉害虫运动更是首次亮相，成功地从传统民俗活动转型为一项兼具竞技性和观赏性的现代体育项目。

蚂蜗捉害虫运动所蕴含的文化内涵极为丰富多元。它不仅生动展现了壮族人民对自然界的深厚敬畏与感恩之情，更强调人与自然和谐共生、相互依存的重要理念。同时，这项运动也要求参与者之间必须紧密协作、默契配合，方能顺利完成比赛任务，这无疑是对壮族人民团结协作、共同奋斗精神的一种生动诠释。此外，蚂蜗捉害虫运动还极具娱乐性和观赏性，为壮族人民的文化生活注入了新的活力和色彩。通过亲身参与和观赏这项运动，人们不仅能够更加深入地了解和感受壮族文化的独特魅力，更能够在潜移默化中培养起保护生态环境、热爱大自然的意识。

第三节 蚂蜗捉害虫运动现代化传承与发展原则

一、坚持文化尊重与保护原则

蚂蜗捉害虫运动，作为我国一项具有悠久历史和深厚文化内涵的民族传统体育项目，承载着丰富的历史和文化价值。它起源于我国古代的农耕文明中的蚂蜗节，经过数千年的传承与演变，如今已经发展成为广西地区少数民族传统体育比赛中的一个重要项目。

对蚂蜗捉害虫运动文化的尊重与保护，不仅是对其历史渊源和文化内涵的认同，更是对中华民族传统文化多样性的珍视。为确保蚂蜗捉害虫运动在传承过程中不失真、不变味，我们必须加强对相关传统文化元素的保护，这包括其独特的比赛规则、庄重的仪式、精美的服饰以及富有特色的道具等。

通过深入研究和广泛宣传，我们可以让更多人了解和参与到蚂蜗捉害虫运动的传承与发展中来，共同守护这份宝贵的民族文化遗产，让其在新时代焕发出更加绚丽的光彩。

（一）尊重蚂蚜捉害虫运动的历史渊源和文化内涵

尊重蚂蚜捉害虫运动的历史渊源和文化内涵，是深入探究这一壮族传统体育项目的重要基础。从历史的角度来看，蚂蚜捉害虫运动源远流长，它起源于壮族古老的蚂蚜节，这一节日与青蛙紧密相连，深刻反映了壮族人民对青蛙的崇敬与敬仰之情。在壮族的文化传统中，青蛙被赋予了吉祥、丰收和幸福的象征意义。模仿青蛙捉害虫的行为逐渐发展成为一项富有民族特色的体育运动，并在壮族的传统节日和庆典中占据着举足轻重的地位。

从文化内涵的层面来看，蚂蚜捉害虫运动不仅是一项体育竞技活动，更是一种文化的传承和民族认同的生动体现。这项运动巧妙地融合了壮族人民的智慧、创造力和深厚的民族情感，以其独特的魅力展示了壮族文化的绚丽多彩。参与者通过模仿青蛙捉害虫的姿态和动作，不仅能够锻炼身体、提高协调性和灵活性，更能在欢声笑语中深切感受到民族文化的独特魅力和强大的凝聚力。

因此，尊重蚂蚜捉害虫运动的历史渊源和文化内涵，实质上就是要对壮族人民的传统文化和民族情感给予充分的认同和尊重。这种尊重不仅有助于促进文化的多样性和民族的团结和谐，更能为现代社会注入丰富的文化活力和源源不断的创新动力。同时，通过积极推广和传承这项运动，我们也能够让更多的人有机会了解和欣赏壮族文化的独特魅力，从而推动文化的广泛交流与传播，不断增强民族文化的认同感和自豪感。

（二）加强相关传统文化元素的保护

对蚂蚜捉害虫运动相关的传统文化元素进行全面且细致的保护，是确保这一古老运动得以传承与发扬的关键。这些元素涵盖了传统规则、服饰、道具、仪式等诸多方面，每一个细节都承载着深厚的历史底蕴和文化内涵。

传统规则作为蚂蚜捉害虫运动的基石，其重要性不言而喻。我们必须确保这些规则在传承过程中保持原汁原味，不受现代因素的侵蚀，使其在现代社会中依然能够发挥指导作用。这不仅是对历史的尊重，更是对传统文化的传承与弘扬。

服饰和道具作为蚂蚜捉害虫运动中不可或缺的元素，同样具有丰富的文化内涵和艺术价值。它们不仅是运动的重要组成部分，更是传统农耕文化的生动展现。因此，在保护过程中，我们需要对服饰的款式、色彩、图案以及道具的制作工艺、使用方式等进行深入研究，确保它们的独特性和历史感得以完整保留。

此外，仪式作为蚂蚜捉害虫运动中的重要环节，也承载着丰富的文化意义。这些仪式不仅增加了运动的趣味性和观赏性，更是对参与者进行文化熏陶和教育的重要途径。因此，在保护传统文化元素的过程中，我们不能忽视对仪式的挖掘和整理，要确保它们在现代社会中依然能够得以传承与发扬。

为更好地保护和传承这些宝贵的传统文化元素，我们需要借助现代技术手段，对其进行数字化保存和展示。通过高清影像记录、三维建模等方式，我们可以将这些元素以更加直观、生动的方式呈现给公众，让更多的人了解和认识蚂蚜捉害虫运动及其背后的文化内涵。同时，我们还需要加强对相关人才的培养和扶持，确保这一古老运动能够在新时代焕发出新的生机和活力。

二、坚持可持续发展原则

要实现蚂蚜捉害虫运动的可持续发展，需要从多个方面入手，主要可以通过加强政策支持与资金投入、深化教育与科研合作、拓展宣传渠道、加强对外交流与合作，以及坚持以人为本的传承理念等方面传承与发展这一广西少数民族传统体育项目。

(一) 加强政策支持与资金投入

政府在蚂蚜捉害虫运动的传承与发展中应扮演关键角色，通过制定明确的政策措施，为项目提供坚实的法律保障和资金支持。具体而言，第一，出台专门针对蚂蚜捉害虫运动的保护、传承与发展法规，确保其地位不受侵犯，防止项目流失；第二，设立专项资金账户，用于支持项目的培训、赛事组织、场地建设及日常运营等各个方面；第三，加大对蚂蚜捉害虫运动的经费投入，为项目的保护和传承提供充足的经济保障；第四，组织丰富多样的少数民族传统体育赛事和活动，进一步发挥蚂蚜捉害虫等运动的健身效果，丰富人民群众的精神文化生活。

(二) 深化教育与科研合作

教育与科研合作培训是蚂蚜捉害虫传承与发展的重要环节。通过开展系统的教育和培训课程，可以培养更多的传承人才，确保这一技艺能够代代相传①。学校是教育与培养人才的重要场所，将蚂蚜捉害虫运动纳入体育教育体系，让学生从小接触并了解这一传统运动项目，有助于培养后续人才。此外，高校和科研机构应积极开展蚂蚜捉害虫运动的研究，为运动项目的传承与发展提供理论支持。比如：广西体育局、南宁市民族宗教委员会与南宁职业技术学院共建了南宁市少数民族传统体育训练基地，基地设在南宁职业学院 16 栋学生宿舍下面的架空层。该基地重点培育蚂蚜捉害虫、抛绣球、板鞋竞速、毽球等少数民族传统体育项目，旨在普及与推广少数民族传统体育项目，培育与锻炼少数民族传统体育优秀人才，弘扬与传承少数民族传统体育文化，增强大学生体质，提升大学生思想道德素养，深化民族团结进步教育，铸牢中华民族共同体意识。

（三）拓展宣传渠道

随着互联网的广泛应用，网络媒体已逐渐成为信息传播的主导渠道。因此，我们应充分发挥网络媒体的优势，以增强公众对少数民族传统体育项目的认识和理解。通过构建少数民族传统体育项目网站、微信公众号等，向广大民众普及相关知识，提升项目知名度。在此基础上，对项目的起源、寓意、特点等文化内涵进行深入挖掘，使之与蚂蚜节紧密结合。通过持续探析蚂蚜节，明确蚂蚜捉害虫在蚂蚜节传承中的内涵，构建二者之间坚实的精神文化纽带，进而强化项目的民族特性。

同时，充分利用微信、微博、门户网站等渠道，对蚂蚜捉害虫运动进行广泛推广，以提升蚂蚜文化知名度和影响力。此外，可以组织各级各类活动，如全国性、区域性和地方性的比赛、文化元素展览等，在提高竞赛水平、观赏性的同时，也让更多人了解和参与到这一运动项目中。

（四）加强对外交流与合作

在全球化背景下，加强对外交流与合作对于推动蚂蚜捉害虫运动的传承与发展具有重要意义。我们可以通过与其他国家或地区的文化交流活动，展示蚂

---

① 种莉莉，孙晋海.建设体育强国背景下我国传统体育文化对外传播的现状与对策[J].武汉体育学院学报，2011，45（10）：76-79.

蜥捉害虫运动的独特魅力和文化内涵，吸引更多人关注和参与。同时，积极借鉴其他成功案例和经验教训，不断完善和改进项目的实施策略和方法。通过分享经验、互相学习和共同进步的方式，推动蚂蚁捉害虫运动在全球范围内得到更广泛的传播和发展。

(五) 坚持以人为本的传承理念

在推进蚂蚁捉害虫运动的传承与发展的过程中，我们应始终坚持以人为本的原则。重视体育技术化的风险考量，剔除技术中不合理的动作因素，确保项目的科学性和合理性。同时，在保存蚂蚁跳根基的前提下适当进行规范化改进，以达到固本强基的效果。在此过程中，我们不能弃本逐末只追求动作规范性而忽略了其根源特点。相反地，我们应该在尊重传统的基础上追求创新和发展，使蚂蚁捉害虫运动既保持其原始魅力，又符合现代审美需求。

三、坚持与当代民族传统体育文化相适应、与现代社会相协调原则

蚂蚁捉害虫运动，作为一项承载着深厚民族文化的传统体育活动，在当代社会中依然展现出强大的生命力和广泛的影响力。为确保其持续健康发展，我们必须坚守一个核心原则：与当代民族传统体育文化相适应、与现代社会相协调。为此，我们需要从多个层面进行深入探讨和实践，以期促进民族传统体育文化的有效传承与繁荣发展，使其能够更好地融入现代社会，满足人们多样化的需求。

首先，在与当代民族传统体育文化相适应方面，蚂蚁捉害虫运动应着重保持其独特的文化特色和核心价值。这一运动是在漫长的历史长河中逐渐形成的，它蕴含着丰富的民族智慧和深厚的文化底蕴。为维护其独特性，我们必须尊重历史，深入挖掘和研究该项目的起源、发展历程及其所蕴含的文化内涵。通过有效的传承机制，我们将这份宝贵的历史文化遗产代代相传，并不断赋予其新的时代内涵。同时，在传承过程中，我们应注重保持蚂蚁捉害虫运动的原始形态和核心技艺，避免过度商业化或现代化改造导致的文化失真。我们要确保在传承与发展的过程中，项目的核心技艺、仪式和价值观能够得以完整保留，坚决抵制因追求短期利益而损害项目本质的行为。当然，坚守传统并不意味着固步自封。蚂蚁捉害虫运动也应积极拥抱时代变化，吸收新的元素和理念，以更加开放和包容的姿态面对现代社会，从而保持其持久的活力和吸引力。

其次,在与现代社会相协调方面,蚂蚜捉害虫运动需要不断进行创新和改进。现代社会是一个多元化、快速变化的社会,人们的审美观念、生活方式和娱乐需求都在不断发生变化。为适应这种变化,蚂蚜捉害虫运动需要在保持核心技艺和文化精髓的基础上,结合现代社会的特点和需求进行适当的创新和改进。例如,我们可以引入现代科技手段来提升比赛的观赏性和互动性;可以结合现代健身理念来完善运动的技术动作和训练方法;还可以借鉴其他体育项目的成功经验来丰富运动的形式和内容。通过这些创新和改进,我们可以使蚂蚜捉害虫运动更加符合现代社会的审美观念和娱乐需求,从而吸引更多的人参与其中,感受其独特的魅力。

最后,多元适应、全方位发展是蚂蚜捉害虫运动适应时代变化的必由之路。这一项目与自然环境有着密切的联系,因此我们应注重其与自然环境的和谐共生。在发展过程中,要始终坚持绿色、环保的理念,确保项目可持续发展。同时,我们还应关注蚂蚜捉害虫运动的人文价值和社会功能。它不仅是一项体育运动,更是一种文化的传承和民族精神的体现。因此,我们应通过举办各种文化活动、加强宣传教育等方式来弘扬其内在的人文精神和社会价值。此外,我们还应积极推动蚂蚜捉害虫运动的国际化发展进程。通过与其他国家和地区的交流与合作,我们可以借鉴其成功的经验做法来完善自身的发展模式;也可以将蚂蚜捉害虫运动推向国际舞台,展示其独特的文化魅力并提升国际影响力。

综上所述,蚂蚜捉害虫运动作为少数民族传统体育文化的重要组成部分,在传承与发展过程中应坚持文化尊重与保护原则、可持续发展原则,以及与当代民族传统体育文化相适应、与现代社会相协调原则。通过不断创新和改进以及多元适应、全方位发展的策略实施,我们可以使蚂蚜捉害虫运动更好地融入现代社会并满足人们多样化的需求;同时可以为其他民族传统体育活动的传承与发展提供有益的借鉴与启示。① 让我们共同努力,共同守护这份宝贵的文化遗产吧!

---

① 马晓璐. 当代中国传统武术教育价值的研究[D]. 苏州:苏州大学,2011.

第九章
制约蚂蚪捉害虫运动传承与发展因素的分析

蚂蚪捉害虫运动，这项深深植根于广西河池东兰县壮族文化的体育活动，源自历史悠久的蚂蚪节。蚂蚪节不仅是壮族群众对青蛙的崇拜之情的体现，更是他们祈愿丰收和吉祥的重要仪式。在这个特殊的节日里，壮族群众将青蛙视为神圣的存在，认为其是仙女降临人间的化身，象征着丰收与幸福。通过模仿青蛙的跳跃动作，人们不仅表达了对这些可爱生物的敬意，更寄托了对美好生活的热切期盼。

随着时间的推移，蚂蚪捉害虫运动逐渐从一种民间娱乐形式发展成为正式的民族传统体育项目。2018年，这一运动被列入广西壮族自治区少数民族传统体育运动会的比赛项目之一，标志着它正式踏上了规范化、竞技化的崭新征程。蚂蚪捉害虫运动的兴起，不仅极大地丰富了人们的文化生活，更为民族文化的传承和发展注入了新的活力。它让更多的人有机会亲身参与、深刻体验壮族的传统文化和民族精神，感受这个民族独特的文化魅力。

然而，尽管蚂蚪捉害虫运动已经取得了显著的进步，但在其传承与发展的过程中仍然面临着诸多挑战。比赛边缘化的问题日益凸显，严重威胁着项目的可持续发展。竞赛体系的不完善也制约了项目的进一步开展，使得许多潜在的参与者无法获得充分的竞技机会。此外，理论研究的不足导致项目发展滞后，无法及时跟上时代的步伐。人才资源的稀缺和资金的短缺更是成为项目发展的巨大瓶颈。高校课程体系的不足也使得这一运动的传承面临断层的危险。

为推动蚂蚪捉害虫运动的持续健康发展，我们必须正视这些不足，并采取有效的措施加以改进。加强比赛的组织和推广，提高项目的知名度和影响力；

完善竞赛体系，为更多的参与者提供公平的竞技平台；加强理论研究，深入挖掘项目的文化内涵和价值；加大人才培养和资金投入力度，为项目的长远发展提供坚实的保障；优化和完善高校课程体系，将蚂蚜捉害虫运动纳入更多的教育教学中，让更多的人了解和喜爱这项运动。只有这样，我们才能确保蚂蚜捉害虫运动在未来的日子里继续绽放光彩，为民族文化的传承和发展贡献更大的力量。

第一节　比赛边缘化阻碍项目的可持续发展

蚂蚜捉害虫运动，这一源自蚂蚜节的独特传统体育项目，要求运动员在规定的场地内，模仿青蛙捕食的神态，以蛙跳的方式奋力向前。每次跳跃之后，双手和双脚需依次着地，比赛以同等距离内用时最少的运动员为胜。尽管这项运动承载着深厚的历史底蕴和文化内涵，但在现代社会中，它却面临着被边缘化和被逐渐遗忘的困境。造成这一局面的原因是多方面的，以下是几个主要的制约因素。

首先，蚂蚜捉害虫比赛与现代生活方式之间存在着明显的鸿沟。随着科技的迅猛发展和生产方式的转变，现代生活的节奏日益加快，人们对于传统体育项目的需求和兴趣逐渐减弱。对于新生代年轻人而言，蚂蚜捉害虫比赛的规则、技巧和方式可能陌生而陈旧，难以激发他们的参与热情。这种传统体育项目在当代社会中显得有些格格不入，缺乏与年轻人共鸣的元素。

其次，蚂蚜捉害虫比赛在推广和传播方面存在明显的不足。在全球化和信息化的时代背景下，文化的传承需要借助有效的推广和传播手段。然而，蚂蚜捉害虫比赛并未得到足够的关注和宣传，这导致许多人对其知之甚少甚至一无所知。在现代社会中，缺乏广泛的认知和传播，这样的传统体育项目很难获得应有的关注和参与，其传承和发展也因此受到严重限制。

此外，蚂蚜捉害虫比赛的社会认知度较低也是制约其发展的重要因素之一。由于历史、地域和宣传等多方面的因素，这项传统体育项目在社会中的认知度普遍较低。许多人甚至从未听说过蚂蚜捉害虫比赛，更不用说亲身参与和传承。这种低认知度不仅限制了蚂蚜捉害虫比赛的发展空间，也使其在现代社会中的生存面临诸多挑战。这种局面直接影响了蚂蚜捉害虫这项民族传统体育文化的传承，其深厚的历史和文化价值在现代体育文化的冲击下逐渐淡化。[①]

综上所述，蚂蚁捉害虫比赛与现代生活的脱节、缺乏有效的推广和传播、社会认知度较低等因素共同造成了其边缘化的现状，严重阻碍了该项目的可持续发展。为传承和发扬这一独特的民族传统体育项目，我们需要采取积极的措施，加强推广和传播，提高社会认知度，并探索与现代生活相结合的方式，使其重新焕发生机和活力。

第二节　竞赛体系不完善制约项目开展

竞赛规则是为确保运动竞赛的有序进行和维护赛场秩序而制定的一套统一且细致的规范和准则。这套规则详尽地阐述了主要裁判员的职责、竞赛的组织与实施方式、成绩与名次的评定标准，以及比赛所需的场地、设备和器材的具体规格等关键信息。[②]

蚂蚁捉害虫运动在 2018 年首次被纳入广西壮族自治区第十四届少数民族传统体育运动会的正式赛程，并为此制定了初步的竞赛规则。该规则主体部分包含比赛、场地及器材以及比赛通则三章。其中，第一章对蚂蚁捉害虫运动进行了明确定义；第二章详细描述了场地规格和所需器材，但稍显不足的是，对比赛道具的具体描述略显模糊；第三章则涵盖了竞赛的具体流程、排序抽签方式、成绩录取标准以及竞赛办法等核心内容。尽管这套规则在内容上已经相当充实，比赛流程也较为清晰，但在对蚂蚁捉害虫运动中的关键技术动作描述上显得不够详尽。与国家级的正式比赛规则相比，其在结构层次、内容全面性以及术语使用的严谨性方面还有待提升。然而，考虑到这是蚂蚁捉害虫运动的首次规则制定，其存在的不足也是项目发展初期难以避免的。

随着时间的推移，到 2022 年广西壮族自治区第十五届少数民族传统体育运动会时，蚂蚁捉害虫运动的竞赛规则得到了进一步的修订和完善。新规则的主体结构扩展为六章，包括比赛、场地及器材、比赛通则、名次排定、弃权与申诉、裁判人员及职责。与 2018 年版相比，2022 年版规则新增了三个独立章节，

---

① 李鸿宜，韩重阳，姚蕾，等.少数民族传统体育传承困境与发展对策[J].体育文化导刊，2020，（5）：49-54.

② 姚颂平，夏征农.大辞海——体育卷[M].上海：上海辞书出版社，2008.

规则体系更加完整。在第一章中，对蚂蚂捉害虫运动的定义进行了重要调整，这一变动对运动员在比赛中的技术表现产生了深远影响；第二章则明确规定了比赛所需的道具为害虫和手环，使比赛更加规范；同时，在竞赛办法中也新增了犯规与判罚的相关规定，并对害虫的放置位置进行了优化调整。这些改动不仅丰富了规则内容，也使得整个竞赛体系更加合理和完善。

作为广西壮族自治区第十五届少数民族传统体育运动会蚂蚂捉害虫比赛的裁判长，笔者在赛后对整个比赛过程进行了深入分析，并发现了一些有待改进之处。例如，在途中跑过程中，部分运动员腾空的高度不足，甚至有些接近于爬行的动作；在接力赛中，对于手环的交接方式没有进行明确规定，导致出现口衔手环的现象。这些问题都需要在未来的比赛中进一步规范和改进。

此外，笔者还注意到蚂蚂捉害虫运动的评判标准存在一定的局限性。从本质上讲，蚂蚂舞是一项具有浓厚民族特色的表演项目，而蚂蚂捉害虫运动作为其衍生而来的传统体育项目之一，自然也继承了蚂蚂舞的表演性元素。然而，在之前的比赛中，过于注重竞技层面的角逐，而忽视了其表演性成分的重要性。这主要表现在成绩判定上，我们采用了与田径径赛项目相似的时间判定方式，而未能将项目中的表演特征纳入评价体系之中。这种过度竞技化的评价方式无疑削弱了该项目的民族传统特色和表演魅力。因此，在未来的发展中，需要对评判标准进行全面优化，以更好地体现蚂蚂捉害虫运动的独特价值和魅力。[①]

第三节　理论研究不足导致项目发展滞后

关于民族传统体育项目蚂蚂捉害虫，通过深入检索知网等学术数据库，笔者遗憾地发现，在过去十年的研究文献中，关于该项目的期刊文章寥寥无几，不足十篇，更遑论硕士和博士学位论文层面的深入学术探究。这种研究匮乏的现状无疑制约了我们对这一独特民族传统体育项目的深度理解与全面认识。

目前，针对蚂蚂捉害虫的研究方法主要局限于资料法、访谈法以及田野调

---

① 李鸿宜，韩重阳，姚蕾等.少数民族传统体育传承困境与发展对策[J].体育文化导刊，2020，（5）：49-54.

查法等实证手段，而深入的理论分析探讨则显得较为稀缺。① 同时，由于地域特征案例的缺乏，现有研究在实操性方面也显得捉襟见肘。在学习和研究其民俗学、民族传统体育基础理论时，研究者们往往仅从体育视角出发，或稍带涉及其民族性进行论证，而未能跳出体育的框架，以更宽广的全球性视野和前沿的发展眼光来审视和挖掘民族传统体育理论的深层内涵。②

此外，笔者注意到，尽管蚂蚱捉害虫这一项目蕴含着丰富的社会学、教育学、历史学、文化学、社会民俗学以及美术学等多学科交叉研究的潜力，然而目前此类跨学科的研究工作仍显得相当有限。虽然民族传统体育项目繁多，但仅有17项比赛项目被正式纳入官方赛事，这使得公众对蚂蚱捉害虫等项目的文化起源与深厚背景知之甚少。③

通过对知网等文献数据库的进一步检索分析，我们不难发现，蚂蚱捉害虫相关研究论文的数量不仅总体偏少，被核心期刊收录的更是凤毛麟角。这一现象深刻反映出学术界对该项传统体育的研究尚处于初级阶段，相关的文化积淀和学术储备严重不足。这无疑对推动少数民族传统体育项目的广泛普及、传承发展以及文化认同构成了显著障碍。④ 因此，我们呼吁更多学者关注并投入到这一领域的研究中来，共同为民族传统体育的繁荣与发展贡献力量。

第四节 人才资源稀缺制约项目发展

传承，这是一个涵盖着深厚意义的词汇，它不仅仅是知识、技能、文化以及价值观的跨时代传递，更是一种生命力的流动。在这个过程中，人成为这种传承的主体，也成为流动的媒介，使得各种文化和知识得以在时间的长河中生生不息。然而，对于蚂蚱捉害虫这一充满魅力的新兴民族传统体育项目来说，人才资源的稀缺问题已然成为其发展路上的一大瓶颈。

首先看专业人才的培养现状。在现代教育体系下，大量的体育师资被输送

① 牛泽钊，周君华.近10年蒙古族传统体育研究综述[J].武术研究，2022，7(1)：125-130.

② 李鸿宜，韩重阳，姚蕾，等.少数民族传统体育传承困境与发展对策[J].体育文化导刊，2020，(5)：49-54.

③ 牛泽钊，周君华.近10年蒙古族传统体育研究综述[J].武术研究，2022，7(1)：125-130.

④ 张冀，杨茹，薛龙.文化自信视域下少数民族传统体育文化发展困境与实践路径研究[J].辽宁体育科技，2023，45(4)：100-103，108.

到了各少数民族地区，但他们所接受的往往是现代体育教育。这导致他们对于民族传统体育的了解和掌握存在显著的不足。特别是在蚂蚜捉害虫这样的具有深厚文化内涵和技巧要求的项目上，具备高素养的专业人才简直是凤毛麟角。① 这种情况在理论知识的挖掘、整理以及实践的指导方面都体现得尤为明显，从而严重影响了蚂蚜捉害虫这一民族传统体育项目的健康与可持续发展。更值得关注的是，主流媒体对于蚂蚜捉害虫等民族传统体育项目的报道也较少，这无疑加剧了其社会认知度的缺失。

再来看传承主体的问题。随着全球化进程的不断加快，文化的多元性为人们带来了更广阔的视野和更丰富的生活体验。然而，这种多元文化的冲击也给本土文化的传承带来了前所未有的挑战。蚂蚜捉害虫，作为一项承载着民族历史记忆、价值观念以及民族精神的传统体育活动，在现代社会的背景下，其传承面临着严峻的挑战。很多人对于这一活动的深入了解与参与意愿都有所降低，甚至有些人对其产生了怀疑。这种心理层面的隔阂与距离感，无疑加大了蚂蚜捉害虫传承的难度，同时阻碍了民族文化的整体传播与发展。特别值得一提的是，许多少数民族的青少年对于自身民族体育项目的历史与技能掌握都存在明显的不足。尽管有些少数民族体育项目已经被列为非物质文化遗产，但真正的传承者却在逐年减少，传承意识的整体不足已经成为蚂蚜捉害虫等项目传承机制的一大难题。②

更为紧迫的是，作为传承核心的蚂蚜捉害虫传承人严重缺失。这些传承人承载着传授技艺、维护文化传统以及引领文化创新的重任。他们通过口耳相传、身体力行的方式，将自己对于蚂蚜捉害虫的深厚理解和技艺传递给下一代。然而，现实情况却是，我们尚未找到合适的蚂蚜捉害虫传承人。这一缺失可能导致这一珍贵的文化遗产面临断层的危机，甚至可能在未来某一时刻彻底消失。这种危机不仅仅是对一个体育项目而言的，更是对整个民族文化多样性造成严重威胁。③

① 李卫民. 新疆少数民族传统体育项目的发展困境和出路研究[J]. 科技风, 2013, (19)：208.

② 李鸿宜, 韩重阳, 姚蕾, 等. 少数民族传统体育传承困境与发展对策[J]. 体育文化导刊, 2020, (5)：49-54.

③ 安琼. 全民健身背景下黔东南少数民族传统体育文化传承与发展研究[D]. 桂林：广西师范大学, 2021.

在教育领域，民族传统体育专业的发展也不容乐观。据统计，我国仅有49所高校开设了民族传统体育专业，每年的招生名额都非常有限。更令人担忧的是，很多从事少数民族传统体育工作的从业者并没有接受过相关专业的系统学习。这些实践者虽然具备高超的技能，但由于缺乏文化理论知识和学历背景的支持，他们很难进入高校成为专业教师。近十年来，尽管教育系统在不断改革和完善，但民族传统体育专业的教材和教学内容却鲜有更新，教育模式依然停留在过去的模式上。这种与实际需求严重脱节的教育模式不仅导致了民族传统体育专业学生就业难，也使得专业师资力量日益匮乏。这种情况直接影响民族传统体育项目的专业人才培养和课程资源开发，进而影响教学活动的正常开展和学生对于这些项目的兴趣与积极性。[1]

综上所述，蚂蚴捉害虫这一具有独特魅力的民族传统体育项目正面临着严峻的人才资源挑战。无论是专业人才的稀缺、传承主体的不足还是教育领域的种种问题，都在提醒我们必须加大对于这一项目的关注和扶持力度，从而为其传承与发展创造更加有利的环境和条件。

第五节　资金短缺限制项目发展

首先，资金短缺是限制少数民族传统体育传承与发展的首要难题。对于传统体育文化的研究工作而言，没有充足的资金保障，便难以顺利推进。[2] 随着城市的迅猛扩张，城乡经济差距逐渐拉大，这种巨大的差异导致大量年轻劳动力涌向大城市谋生，村落"空心化"现象日益严重，形成了经济落后—人口流失—经济进一步衰退的恶性循环。特别是在经济发展水平落后的地区，全民健身理念和战略的实施面临挑战，这不仅影响了体育事业的发展，也制约了文化和政治等领域的进步。[3] 广西本土新兴的民族传统体育项目蚂蚴捉害虫便深受影响。该项目的挖掘与整理、场地设施建设、器材设备购置、人员培训与队伍

---

[1]　安琼.全民健身背景下黔东南少数民族传统体育文化传承与发展研究[D].桂林：广西师范大学，2021.

[2]　李鸿宜，韩重阳，姚蕾，等.少数民族传统体育传承困境与发展对策[J].体育文化导刊，2020，(5)：49-54.

[3]　同[1]。

建设、比赛与活动组织、文化传承与宣传教育等各个环节都亟需资金与技术支持。然而，目前资金和技术支持的匮乏，制约了这一传统体育产业的发展。

其次，少数民族地区经济发展普遍存在的多、边、穷特点，即地域广大、地处边疆、经济贫困，进一步加剧了资金短缺问题。这些地区经济总量小、社会发展水平低，群众生产生活条件艰苦。由于经济结构不合理、发展水平滞后，第一产业增长缓慢，第二产业结构单一且竞争力弱①，工业增长过度依赖水电、矿产资源的开发和水泥、铁合金等高耗能产业。尽管以旅游、商贸流通为主的第三产业在少数民族地区有所发展，但受市场发育不足、对外开放程度低、消费能力弱等因素影响，整体水平仍然较低。这种经济状况对少数民族地区民族体育的发展不利，导致像蚂蚴捉害虫这样的民族体育项目在传承与发展过程中面临资金困境。②

最后，商业化运营的缺失也是导致资金短缺的重要原因之一。传统体育项目往往缺乏商业化运作，难以吸引商业赞助和广告收入。商业赞助对于体育项目的发展至关重要，但传统项目由于知名度低、观众基础薄弱等，难以获得商业青睐。同时，社会认知度和吸引力的不足也限制了这些项目的资金来源。缺乏现代推广和营销手段使得传统体育项目在吸引赞助商和观众方面面临巨大挑战。此外，政府在体育项目发展中扮演着重要角色，但由于传统项目如蚂蚴捉害虫在一定程度上缺乏商业吸引力，政府对其投入资金和资源的意愿可能较低。组织和管理能力的不足也限制了项目的发展和资金来源，由于缺乏相关专业人才和管理团队，这些传统体育项目在运营和管理方面存在诸多困难。

综上所述，蚂蚴捉害虫等传统体育项目在发展过程中面临着严重的资金短缺问题。为推动这些项目的传承与发展，我们需要从多个方面入手解决资金问题：一是加大政府投入力度，为传统体育项目提供必要的资金支持和政策保障；二是积极寻求商业赞助和合作机会，通过商业化运作提高项目的知名度和吸引力；三是加强社会宣传和推广工作，提高公众对传统体育项目的认知度和参与度；四是加强组织和管理能力建设，提高项目的运营效率和管理水平。只有这样，我们才能为蚂蚴捉害虫等传统体育项目注入新的活力，推动其在新时代焕发出更加绚丽的光彩。

---

① 贾俊平.统计学基础[M].北京：中国人民大学出版社，2010.
② 陈炜，何勇.少数民族地区体育发展困境及化解途径[J].湖北民族学院学报（哲学社会科学版），2013，31(02)：39-41，53.

第六节　高校课程体系不足阻碍项目发展

当前，蚂蚁捉害虫运动的课程设置在高校中显得尤为不足。在教学内容的构成上，西方体育项目依旧占据主导地位，而民族传统体育项目仅被零散或碎片化地融入其中。具体到高校的传统体育课程，内容多以武术、太极拳、跳绳为主，但这些项目的开展往往仅满足于基本的技术教学，缺乏系统、科学的理论体系作为支撑。课程设置的不规范、不均衡，以及教学时长的不合理安排，都凸显了实践经验的匮乏。特别是蚂蚁捉害虫运动，往往只在有比赛时才临时组队进行训练，普及性更是无从谈起。这一系列问题，使得蚂蚁捉害虫在高校教学中的推广与传承面临着重重困难。

此外，蚂蚁捉害虫运动的培养路径过于狭窄，且缺乏成熟的教科书作为教学指导，这进一步加剧了其传承的难度。同时，师资力量薄弱也是不容忽视的问题。[①]

在高校教师队伍方面，具备民族传统体育专业素养的教师数量不足，高素养师资力量的匮乏已成为制约民族传统体育发展的重要因素。民族传统体育专业融合了传统文化与现代体育教育的精髓，旨在培养具备专业技能和理论知识的复合型人才。然而，目前毕业于该专业的学生数量远远无法满足民族传统体育课程的人才需求。提到民族传统体育，人们的第一反应往往是武术，甚至有许多教师对全国少数民族传统体育运动会上所设置的项目都知之甚少。平时关于民族传统体育的培训资源相对匮乏，这使得体育教师难以全面、深入地了解民族传统体育的起源、理论知识、专业技术、活动形式、裁判法则以及器材制造等相关知识。尤其是对于像蚂蚁捉害虫这样新兴的民族传统体育项目，更是难以获得足够的关注和重视。

除了太极拳、武术、毽球等少数项目的教师具备较为专业的技能外，大部分项目的任课教师都是凭借个人兴趣经过短期的培训后上岗。他们并没有系统地学习过相关课程，往往处于边学边教的状态。教师知识更新的缓慢以及教

---

① 吴春雨.中华民族传统体育的生存困境与可持续发展研究[J].湖北科技学院学报，2014，34(4)：115-116.

学方法的陈旧,都严重影响了教学质量和效果。① 同时,由于教师培训缺乏必要的经费支持,教师在教育教学方面的实际能力还有很大的提升空间。这些因素都导致学生难以从教师那里获得精深的民族传统体育项目知识,进而影响了教学的科学性、趣味性和教育性,不利于学生对民族传统体育项目技能的准确掌握。②

最后,蚂蜋捉害虫运动的理论建构也亟待完善。一方面,当代体育科学理论在民族传统体育理论建构中的应用存在断层现象;另一方面,在审视民族传统体育的民族凝聚力、文化本质属性以及娱乐身心等方面时,缺乏统一的标准和要求。具体来说,就是缺乏完备的体育竞赛规定和完善的评价体系。这种外化功能在民族传统体育理论建构中的缺失,使得民族传统体育难以与现代化元素进行有效融合,进而不利于蚂蜋捉害虫等民族传统体育项目的可持续和健康发展。

综上所述,蚂蜋捉害虫在高校课程设置方面面临着体系化不足、教学不规范、不均衡以及教师素养不高等多重挑战。这些问题不仅影响了学生的学习效果和技能习得,也制约了蚂蜋捉害虫运动的普及与推广。因此,我们迫切需要采取有效措施,从课程设置、教师培养、理论建构等方面入手,全面提升蚂蜋捉害虫在高校体育教学中的地位和影响力,为其可持续健康发展奠定坚实基础。

---

① 安琼.全民健身背景下黔东南少数民族传统体育文化传承与发展研究[D].桂林:广西师范大学,2021.
② 秦镇杰,孙强,杨晓芬.江苏省高校民族传统体育课程开展之困境与对策研究——以南京理工大学为例[J].当代体育科技,2023,13(25):134-137.

第十章
蚂蚜捉害虫运动传承与发展对策分析

2006 年 5 月，壮族蚂蚜节被列入第一批国家级非物质文化遗产名录，这一重要事件标志着蚂蚜文化开始受到国家层面的认可和保护。时隔多年，在 2018 年的广西壮族自治区第十四届少数民族传统体育运动会上，蚂蚜捉害虫运动实现了历史性跨越，首次从民间民俗文化活动演变为备受瞩目的少数民族传统体育竞技项目。这一转变不仅让蚂蚜捉害虫运动受到了更多传统民族体育项目爱好者和从业者的热切关注，也引发了各级政府和社会各界对其发展的高度重视。

为推动蚂蚜捉害虫运动的持续传承与发展，我们迫切需要深入挖掘其历史根源、文化底蕴和独特技艺。然而，在调查研究过程中，我们发现该项目在现阶段的发展仍面临诸多挑战。比赛边缘化的现象阻碍了项目的可持续发展，竞赛体系的不完善制约了项目的广泛开展，理论研究的不足导致项目发展滞后，人才资源的稀缺和资金的短缺都严重制约了项目的发展。此外，高校课程体系也有待进一步优化与完善，以满足蚂蚜捉害虫运动传承与发展的需求。

针对这些问题，可以采取一系列切实可行的发展对策。第一，通过各种途径提高公众对蚂蚜捉害虫比赛的关注程度，以促进其可持续发展。第二，完善项目竞赛体系，为更多参与者提供展示技艺和交流学习的平台。第三，加强基础理论研究，深入挖掘项目的文化内涵和技艺精髓。第四，积极加强人才资源的补充，通过多元化融资渠道筹措资金，为项目的发展提供有力保障。第五，优化与完善高校体育课程体系，将蚂蚜捉害虫运动纳入其中，为传承与发展培养更多专业人才。我们相信，在各方共同努力下，蚂蚜捉害虫运动定能在新时代焕发出更加绚丽的光彩。

第一节　提高比赛关注度

针对蚂蚱捉害虫比赛与现代生活存在明显的脱节、缺乏有效的推广和传播、社会认知度较低等问题，主要从以下几个途径提高公众对蚂蚱捉害虫比赛的关注度，进而促进可持续发展。

首先，借助现代科技手段进行广泛推广。在如今这个信息爆炸的时代，人们的生活节奏日益加快，互联网和社交媒体已成为获取信息的主要渠道。因此，我们应充分利用这些现代科技手段，对蚂蚱捉害虫比赛进行有针对性的推广。可以建立专门的社交媒体账号，定期发布比赛的介绍、历史渊源、比赛规则以及精彩瞬间等内容，以吸引年轻人的关注。同时，制作高质量的宣传视频，展示比赛的独特魅力和传统文化内涵，增强其对公众的吸引力。此外，还可以尝试举办线上比赛或挑战活动，降低参与门槛，让更多人能够亲身体验蚂蚱捉害虫比赛的乐趣，从而提高比赛的知名度和参与度。

其次，通过举办多样化的活动提升蚂蚱捉害虫比赛的曝光度。我们可以在传统节日、文化庆典等场合安排蚂蚱捉害虫比赛的表演和赛事，借助这些活动的集聚效应，吸引观众和参与者。此外，还可以策划主题展览、文化庙会等特色活动，将蚂蚱捉害虫比赛与当地文化和民俗相结合，打造独具特色的文化品牌，增加比赛的吸引力和知名度。通过这些活动的举办，不仅可以提升蚂蚱捉害虫比赛的社会认知度，还能促进其在现代社会中的可持续发展。

再次，加强文化传承教育以培养新一代的传承人。蚂蚱捉害虫比赛作为一项具有悠久历史的传统体育项目，其传承和发展离不开广大青少年的参与和传承。因此，我们可以在学校和社区等场所开展蚂蚱捉害虫比赛的文化传承教育活动，通过课堂教学、实践操作、文化讲座等多种形式，向青少年介绍该项目的历史渊源、文化内涵以及比赛技巧等。同时，鼓励老一辈的传承人走进校园和社区，与青少年进行面对面的交流和传授技艺，激发青少年的兴趣和热情，培养新一代的传承人和爱好者。[①]

最后，提升比赛的专业化水平以吸引更多观众和赞助商。为提升蚂蚱捉害

[①] 李鸿宜，韩重阳，姚蕾，等.少数民族传统体育传承困境与发展对策[J].体育文化导刊，2020，(5)：49-54.

虫比赛的品质和观赏性，我们应引进现代化的赛事管理模式和运营理念，建立规范的赛事组织和管理机制。通过加强裁判和工作人员的专业培训、完善赛事规则和技术标准等措施，提高比赛的专业化程度和公平性。同时，积极寻求与商业品牌、媒体机构等的合作机会，共同打造高品质的赛事体验和传播效果，吸引更多观众和赞助商的关注和支持。此外，还可以探索与国际同类赛事的交流与合作，借鉴其成功经验和管理模式，推动蚂蚁捉害虫比赛走向更高水平的发展道路。

第二节　完善项目竞赛体系

蚂蚁捉害虫运动在 2018 年广西壮族自治区第十四届少数民族传统体育运动会上首次亮相，标志着这一传统民俗活动正式进入了现代体育竞技的舞台。以往，该项目主要在广西东兰、南丹等地区作为民间民俗活动开展，受众群体相对较小。然而，随着蚂蚁捉害虫运动逐渐进入大众视野，并成为广西壮族自治区少数民族传统体育运动会中的重要项目之一，其不完善的竞赛体系制约着蚂蚁捉害虫项目的开展，细化技术动作标准、完善项目竞赛规则、优化评判标准、加强裁判员的管理等显得尤为重要。

第一，细化技术动作标准。针对蚂蚁捉害虫运动中的关键技术动作，项目的组织者者需要制定更为详尽和具体的标准。这些标准应涵盖运动员在起跑时的准备姿势、途中跑技术、接力赛技术、害虫和手环交接方式等，确保每个技术动作都有明确且统一的评判依据。同时，组织者还可以通过视频教程、现场演示等方式，向运动员和裁判员普及这些技术动作的标准，帮助他们更好地理解和掌握。

第二，完善竞赛规则。在现有竞赛规则的基础上，组织者需要进一步完善和补充相关内容。例如，途中跑过程中腾空的高度、接力赛过程中手环交接的方式以及手环传递过程中的佩戴位置等，确保比赛的公平性和规范性。可以考虑在途中跑过程中设置一定高度的障碍物，类似于跨栏比赛中的障碍物设置，以确保选手的腾空高变和动作规范性。同时，组织者还可以增加犯规与判罚的相关条款，明确哪些行为属于犯规行为，并规定相应的处罚措施。比如对于接力赛中交接手环的方式进行强制性要求，一旦出现与规则违背的情况，将立即给予判罚，甚至取消比赛资格。此外，还可以对害虫的放置位置、数量等要素进行更加合理的安排，以提高比赛的趣味性和挑战性。

第三，优化评判标准。为了更好地体现蚂蚜捉害虫运动的独特价值和魅力，组织者需要对评判标准进行全面优化。除竞技性外，蚂蚜捉害虫运动作为蚂蚜舞的延伸还具有独特的民族文化表现形式。因此，在评判标准中应该综合考虑选手的动作协调性、节奏感、舞蹈表现力及民族特色等因素，使评判更加全面客观。为进一步保护和传承这一民族文化遗产，组织者还可以组织相关的民族文化展示和交流活动。通过这些活动，不仅可以加强选手和观众对蚂蚜舞及其相关项目的认识和理解，还可以促进民族文化的传承和弘扬。① 同时，组织者还可以根据比赛的实际情况，制定更加灵活和多样化的评判标准，以确保比赛的公正性和合理性。同时，这也为蚂蚜捉害虫运动在现代社会中的可持续发展提供了有力支持。

第四，加强裁判员的管理。裁判员是确保比赛公正、公平进行的关键因素。因此，我们需要加强对裁判员的管理。通过定期举办裁判员培训班、组织裁判员现场观摩比赛等方式，提高裁判员的专业素养和执裁能力。同时，需要建立完善的裁判员考核机制，对裁判员的表现进行定期评估和监督，确保他们能够严格遵守比赛规则和评判标准。

总之，完善蚂蚜捉害虫运动的竞赛体系需要我们从多个方面入手，只有这样，蚂蚜捉害虫运动才能更好传承与发展，为广西乃至全国的少数民族传统体育运动事业做出更大的贡献。

第三节　加强基础理论研究

蚂蚜捉害虫运动长期只在广西部分地区开展，直至 2018 年才跻身广西壮族自治区少数民族传统体育运动会的行列。因此，专注于这一项目的研究人员相对匮乏，主要依赖于少数从事传统体育项目研究的高校教师进行探索。在 2018 年之前，该项目主要作为广西东兰等地区民众情感表达的一种民俗活动存在，从而导致了一系列研究上的不足：缺乏深入的理论分析与探讨，学科交叉研究不够充分，地域特色案例与实操性研究不足，以及在核心期刊上发表的论

① 王艳琼，余正君，孙政，王成科，等.蚂拐捉害虫项目的发展困境与对策分析[J].运动精品，2019，38(6)：58-61.

文寥寥无几。为解决上述问题，提出以下措施。

第一，强化理论分析与探讨。作为一项独特的传统民族体育项目，蚂蜎捉害虫运动的历史渊源对项目的发展具有重要意义。我们应该通过搜集口述历史、文献资料等途径，深入挖掘蚂蜎捉害虫的起源、演变过程及其在当地文化中的地位。鉴于目前关于蚂蜎捉害虫的文献资料相对稀缺，研究力度亟待加强，以确保其内在价值的传承。理解蚂蜎捉害虫运动的传统文化价值，特别是其在宗教、民俗等方面的内涵，有助于为项目的现代发展提供文化认同和历史支撑。因此，我们应鼓励学者们构建全面的理论框架，深入研究蚂蜎捉害虫运动的文化内涵、历史渊源和社会意义等方面。通过深入的文献综述，分析蚂蜎捉害虫运动在不同文化背景下的起源和演变，探讨其在民族文化中的地位和作用。同时，整合相关理论，构建更为系统和完善的理论模型，为后续实证研究提供指导。

第二，推进学科交叉研究。[①] 我们应倡导建立跨学科研究团队，汇聚体育学、民俗学、社会学、文化学、生理学、心理学等领域的专家学者，共同开展深入研究。这些团队可以定期举办学术研讨会和讨论会，加强学科间的交流与合作。同时，学术机构可以设立专项基金支持跨学科研究项目，鼓励申报和实施，为跨学科研究提供必要的资金支持。例如，将运动生理学与运动心理学的研究成果应用于蚂蜎捉害虫运动的研究中，可以更科学地指导运动员的训练和比赛策略。了解运动员在捉拿害虫过程中的生理反应和心理状态，则有助于制订更具针对性的训练计划和心理辅导策略。

第三，开展地域特色案例与实操性研究。针对蚂蜎捉害虫运动在不同地域的独特表现形式和传承方式，学者们应积极开展实地调查和实操性研究。通过深入各地区进行实地观察和访谈，记录整理传统活动和仪式，探索蚂蜎捉害虫运动在不同地域的传承模式和演变轨迹。同时，组织实践活动和实验研究，亲身体验和观察蚂蜎捉害虫活动的过程，深入了解项目的实践经验和传承方式。这将有助于我们更全面地理解蚂蜎捉害虫运动的地域特色和文化内涵。

第四，提升学术论文的发表质量和数量。为提高学术论文的质量和影响力，学者们应加强国内外学术交流与合作，积极参与相关学术会议和研讨会，

① 张冀，杨茹，薛龙.文化自信视域下少数民族传统体育文化发展困境与实践路径研究[J].辽宁体育科技，2023，45(4)：100-103，108.

分享研究成果并拓展研究视野。与国内外知名学术机构和学者建立稳定的合作关系，共同开展研究并提升研究水平。同时，学术期刊也应加强对蚂蚁捉害虫运动研究的关注和支持，提高审稿标准以筛选出高质量论文并发表。这将有助于推动蚂蚁捉害虫运动的研究走向深入和广泛传播。

第四节　加强人才资源的补充

蚂蚁捉害虫运动作为我国民族传统体育项目的一员，现阶段正面临着我国众多传统体育项目共同的发展困境，包括专业人才培养方案的制订、文化技艺的有效传承、专业人才的就业保障，以及项目的宣传与发展等。

第一，在专业人才培养方面，我们需要从教育体系入手，推动各级教育机构开设民族传统体育专业课程。这些课程应涵盖民族传统体育的历史渊源、文化内涵、技艺精髓等内容，旨在培养具备专业素养和实践能力的人才。同时，政府应通过资助项目、设立奖励机制等方式，鼓励现有体育教师积极参与相关培训和学习，提升他们对民族传统体育的认知和教学水平。此外，制订系统、全面的专业人才培养计划至关重要，明确培养目标、内容和方法，建立包括学历教育、职业培训、实践锻炼在内的全方位培养体系。

第二，针对传承主体性缺失的问题，我们必须加强对本民族文化的宣传与教育。通过多渠道、多形式的宣传活动，普及蚂蚁捉害虫运动的历史背景、文化内涵和社会价值，引导公众深刻认识传统文化的独特魅力和传承意义。同时，积极举办各类传统文化活动，吸引人们亲身体验和感受蚂蚁捉害虫运动的乐趣和意蕴，从而增强对民族文化的认同感和自豪感。政府和社会各界也应给予更多关注和支持，通过制定相关政策、提供资金扶持、建设活动场地等方式，为蚂蚁捉害虫运动的传承与发展创造有利环境。

第三，在传承人的确定方面，政府应高度重视并及时从优秀的蚂蚁捉害虫运动组织者或爱好者中选拔出合适的传承人。传承人在文化传承中扮演着举足轻重的角色，他们是传统文化的重要守护者和传播者，对于确保传统文化的延续性和发展活力具有不可替代的作用。为保障蚂蚁捉害虫运动的可持续发展，我们必须建立健全传承人选拔和培养机制。

第四，在改善民族传统体育专业人才培养和就业问题方面，我们需要调整和优化专业人才培养方案，使其更加符合市场需求和实际情况。教育机构应与企业建立紧密的合作关系，共同开展实践教学和就业培训活动，提高学生的就业竞争力和适应能力。同时，政府应出台相关政策，完善相关措施，如提供就业补贴、创业扶持等，鼓励专业人才积极投身于民族传统体育项目相关领域的工作。

第五，在加强推广和鼓励社会各界参与与支持方面，我们应充分利用主流媒体的力量，加大对民族传统体育项目的宣传力度，提高公众的认知度和关注度。同时，积极建立专业组织和平台，组织开展丰富多彩的活动、赛事和培训项目，推动项目广泛传播和深入发展。政府还应制定相关政策扶持措施，包括提供资金支持、场地保障和完善奖励机制等，鼓励社会各界积极参与和支持民族传统体育项目的推广与发展工作。通过社会各界的共同努力和多方合作，共同推动蚂蚜捉害虫运动等民族传统体育项目实现高质量发展。①

第五节　多元化融资渠道筹措资金

蚂蚜捉害虫运动作为一项具有深厚文化内涵和独特魅力的传统体育项目，其推广与发展涉及多个重要环节，包括挖掘整理历史资料、建设专业设施、采购适用器材、开展人员培训、组建专业队伍、组织专业比赛以及进行文化传承等。这些环节的实施均离不开充足的资金支持和先进的技术保障。

为有效应对这一挑战，我们必须积极动员社会各界的力量，形成发展合力。通过政府资助、企业赞助、社会捐赠等多种渠道筹措资金，确保蚂蚜捉害虫运动在各个环节都能得到有力的支持。同时，我们还需要寻求与专业机构的合作，引入先进的技术和设备，提升蚂蚜捉害虫运动的竞技水平和观赏性，为其在现代社会的传承与发展奠定坚实的基础。

此外，我们还应注重激发广大民众对蚂蚜捉害虫运动的热情和参与度。通过举办各类赛事活动、开展文化宣传教育、推广运动健康理念等方式，让更多人了解、喜爱并参与到这项传统体育运动中来。这样不仅能促进蚂蚜捉害虫运动的可持续发展，还能为弘扬民族传统文化、增强社会凝聚力和向心力作出积极贡献。

---

① 莫冬爱.元宇宙视域下壮族蚂拐节传承与传播路径探析[J].文化创新比较研究，2023，7（22）：68-72.

一、政府资助与补贴

第一，政府可以积极设立专门的基金，以全力支持蚂蚴捉害虫这一独特项目的发展。这些基金的筹集方式可以多样化，包括但不限于鼓励社会捐赠、设立专项彩票等创新方式，旨在广泛汇聚社会各界的力量与资源。所筹集的资金将专项用于蚂蚴捉害虫运动的深入挖掘与整理、全面保护与传承、场地建设与改善、器材购置与更新、专业教师培训与提升、赛事组织与推广以及宣传普及等关键领域。为确保资金的高效利用和规范管理，政府应指定相关机构负责基金的管理与监督，建立透明、公开的资金使用机制，从而确保蚂蚴捉害虫运动能够得到持续、稳定的资金支持。①

第二，将蚂蚴捉害虫运动的发展纳入财政预算，是政府长期支持该项目的重要举措。通过财政预算的保障，可以确保蚂蚴捉害虫运动每年都能获得稳定的资金投入，进而推动该项目的可持续、健康发展。这种财政支持不仅有助于项目的日常运营和维护，更能为项目的创新发展和品质提升提供有力保障。

第三，政府可以通过设立补贴和奖励机制，进一步激励社会各界积极参与蚂蚴捉害虫运动。对于在项目中表现突出的单位和个人，政府可以给予一定的补贴和奖励，以表彰他们的贡献和努力。这些补贴和奖励可以用于项目的开展、培训、比赛以及宣传推广等方面，有助于提升项目的整体水平和质量。同时，这种激励机制还能吸引更多的人关注和参与蚂蚴捉害虫运动，共同推动项目的繁荣和发展。

第四，引导社会资本投入也是政府推动蚂蚴捉害虫运动发展的重要手段。通过制定优惠政策、提供税收减免等措施，政府可以鼓励社会资本积极投入到蚂蚴捉害虫运动的发展中来。这种合作方式不仅可以为项目带来更多的资金和资源支持，还能推动项目的产业化和市场化进程。通过与社会资本的深度合作，蚂蚴捉害虫运动有望实现更广泛的推广和普及，进而为传承和弘扬民族传统文化作出更大的贡献。

---

① 陈炜，何勇.少数民族地区体育发展困境及化解途径[J].湖北民族学院学报(哲学社会科学版)，2013，31(2)：39-41，53.

二、企业赞助与合作

与具备高度社会责任感的企业建立稳固的合作关系，对于蚂蚁捉害虫运动的长远发展而言，无疑是一股强大的推动力。这种合作关系的建立，不仅能为蚂蚁捉害虫运动带来重要的资金支持，确保其各项活动顺利进行，还能通过赞助、冠名等多元化的合作方式，实现双方利益的共赢与最大化。

具体来说，有社会责任感的企业可以通过赞助蚂蚁捉害虫运动的比赛、活动或日常训练，提供必要的资金、物资或技术支持。这些实质性的帮助将极大地推动该项目的普及与发展，使其能够在更广泛的范围内得到传播和推广。作为对企业慷慨赞助的回报，蚂蚁捉害虫运动方面将为企业提供丰富的曝光和宣传机会。无论是在活动现场、宣传材料上，还是在各类媒体报道中，企业的名字和品牌形象都将得到充分的展示，从而有效提升企业的品牌知名度和公众美誉度。

此外，企业还可以通过购买冠名权的方式，与蚂蚁捉害虫运动建立更为紧密的联系。例如，企业可以选择冠名一项具有影响力的比赛或活动，将其命名为"某某企业杯蚂蚁捉害虫大赛"。这样的命名方式将在公众心中形成品牌与项目的强有力关联，进一步加深消费者对品牌的印象和认知。

这种合作方式不仅有助于蚂蚁捉害虫运动的持续健康发展，还能激发更多企业参与社会公益事业的热情和动力。通过企业的参与和支持，蚂蚁捉害虫运动将得到更广泛的社会关注和公众认可，为其传承与发展奠定更加坚实的基础。同时，这种合作也将有助于提升企业的社会责任感和公民形象，推动形成良好的社会氛围和积极向上的企业文化。

三、开展商业化运营

为使蚂蚁捉害虫运动实现商业化运营并取得长足发展，政府可以采取一系列精心策划的措施。首先，政府可以大力支持蚂蚁捉害虫运动与体育旅游业务的深度融合。例如，在政府的主导下，有规律地组织学校、企业及个人在蚂蚁节这一盛大文化活动期间参与体验，让更多人亲身感受蚂蚁捉害虫运动的独特魅力。在此期间，邀请蚂蚁捉害虫运动领域的专家学者进行现场讲解，深入介绍蚂蚁捉害虫运动的理论知识和文化内涵。同时，安排优秀的运动员进行精彩的动作技术展示，将理论与实践紧密结合，为观众呈现一场视觉与知识的盛宴。政府还可以向积极参与的旅行社提供一定的补贴或奖励，激励其开发更多与蚂蚜捉害虫运动相关的优质旅游产品，并推动其销售，从而进一步拓展项目的商业化空间。

其次，政府可以积极扶持蚂蚜捉害虫运动在文化产品设计与销售领域的发展。通过鼓励和支持相关企业开发与蚂蚜捉害虫运动紧密相关的文化衍生品，如精美的纪念品、独特的手工艺品等，政府可以帮助项目拓宽收入来源，实现商业化盈利。为激发企业的参与热情，政府可以提供一定的补贴或奖励措施，降低企业的开发成本和市场风险，同时加强市场监管和品牌推广，确保文化产品的质量和市场竞争力。

综上所述，通过政府的资助与补贴、企业的赞助与合作以及开展多元化的商业化运营，蚂蚜捉害虫运动不仅可以获得稳定的资金支持，还能显著提升其社会知名度和影响力。这将有助于吸引更多人关注和参与该项目，共同推动其传承与发展。此外，为进一步拓展资金来源和降低风险，项目还可以积极探索社会捐赠与公益筹款、利用网络平台进行众筹等创新方式，并加强与国际组织的合作与交流，为项目的长期可持续发展注入新的活力。

第六节　优化与完善高校体育课程体系

完善高校体育课程体系对于全面提升学生的身心素质、优化体育教学效果、接轨社会人才需求、培养终身体育观念以及营造积极向上的校园体育文化具有至关重要的作用。为实现这一目标，高校应从以下几个方面着手，系统而全面地完善体育课程体系。

第一，构建丰富多样的课程内容体系。体育课程应打破传统框架，不仅涵盖田径、球类等基础项目，更应积极引入新兴民族传统体育项目。以南宁职业技术学院为例，该校成功将蚂蚜捉害虫运动纳入民族传统体育课程体系，并建立了室内外实践基地，形成了理论与实践相结合的完整教学模式。这一创新举措为其他高校提供了有益借鉴。在课程设置上，高校应注重理论与实践的紧密结合，在传授项目起源、规则、技术要领等理论知识的同时，安排充足的实操课程，让学生亲身体验并掌握技能。此外，课程内容还应深入挖掘蚂蚜捉害虫运动的历史文化内涵、民族传统特色以及比赛规范等，形成独具特色的教学体系。①

第二，着力提升教师的专业素养。教师在体育教学中发挥着关键作用，其专业素养和教学能力直接影响着教学质量。针对当前教师专业素养参差不齐的问题，高校应加大对教师的培训力度，组织定期的培训班和研讨会，邀请专家学者进行授课和经验分享。② 同时，鼓励教师积极参与学术研究和实践活动，不断提升自身对蚂蚓捉害虫运动等民族传统体育项目的认知水平和教学技能。此外，建立健全的奖励机制，对在蚂蚓捉害虫运动教学中取得突出成绩的教师给予表彰和奖励，激发教师的教学热情和创新精神。③

第三，强化课程与社会需求的紧密对接。高校应积极寻求与相关体育组织、社会机构及企业的合作，共同开展蚂蚓捉害虫运动等民族传统体育项目的教学实践和科研活动。通过搭建实践平台、建立实习基地等方式，为学生提供更多的实践机会和就业渠道。同时，邀请行业专家进校园举办讲座、进行实践指导，帮助学生了解行业动态和就业前景，增强学习的针对性和实效性。这种校企合作、产教融合的模式有助于培养符合社会需求的高素质体育人才。

第四，加强理论建构和研究支持。高校应成立专门的民族传统体育研究中心或课题组，围绕蚂蚓捉害虫运动等项目进行深入的理论研究和实践探索。通过申报科研项目、组织学术交流活动等方式，推动民族传统体育理论体系的完善和传播。④ 同时，鼓励学生积极参与科研工作，培养其独立思考和创新能力，为民族传统体育的传承和发展贡献更多智慧和力量。

综上所述，完善高校体育课程体系是一项长期而艰巨的任务，需要高校从多个方面入手、多管齐下。通过构建丰富多样的课程内容体系、提升教师专业素养、强化课程与社会需求的对接、加强理论建构和研究支持等措施的实施，可以推动高校体育课程体系的不断完善和创新发展，进而为培养全面发展的高素质人才奠定坚实基础。

---

① 朱萍玉.壮族体育舞蹈引入高校体育课程的价值研究——以蚂拐舞为例[J].福建茶叶，2019，41(11)：65-66.

② 陈炜，何勇.少数民族地区体育发展困境及化解途径[J].湖北民族学院学报(哲学社会科学版)，2013，31(2)：39-41，53.

③ 秦镇杰，孙强，杨晓芬.江苏省高校民族传统体育课程开展之困境与对策研究——以南京理工大学为例[J].当代体育科技，2023，13(25)：134-137.

④ 李婷婷.壮族"蚂拐舞"引入高校体育课程的研究[J].艺术科技，2016，29(6)：24.